In Arbeit geeint

D1726485

Ein Projekt des 60. Lehrganges
der Sozialakademie

Thom Kinberger, Robert Könitzer,
Malgorzata Peterseil, Mehmet Soytürk

In Arbeit geeint

**Ein Beitrag zum zielgruppenorientierten
Dialog am Beispiel türkeistämmiger
Arbeitnehmerinnen und Arbeitnehmer
anhand spezifischer Fragestellungen.**

Die Inhalte in diesem Buch sind von den Autorinnen/Autoren und vom Verlag sorgfältig erwogen und geprüft, dennoch kann eine Garantie nicht übernommen werden. Eine Haftung der Autorinnen und Autoren bzw. des Verlags und seiner Beauftragten für Personen-, Sach- und Vermögensschäden ist ausgeschlossen.

ISBN: 978-3-7035-1503-3

Layoutentwurf/Umschlaggestaltung: Thom Kinberger
Umschlagbild: Kurt Perlak
Layout: Walter Schauer
Lektorat: Birgit Janischevski

© 2011 Verlag des Österreichischen Gewerkschaftsbundes GmbH, Wien
Verlags- und Herstellungsort: Wien
Printed in Austria

Inhaltsverzeichnis

Vorwort

Welche Geschichten stecken hinter den Zahlenreihen großangelegter Statistiken zum Thema Integration am Arbeitsplatz? Wie gehen Betroffene mit allgemeinen Vorurteilen und gewachsenen Gesellschaftsbildern um? Welche Rolle spielen türkeistämmige Arbeitnehmerinnen und Arbeitnehmer in der Arbeitswelt? Was bedeutet das für Gewerkschaften und Betriebsräte? Werden diese Arbeitnehmergruppen durch die Interessensvertretungen repräsentiert, fühlen sie sich vertreten und wie sieht es mit ihrem Selbstverständnis aus? Muss davon ausgegangen werden, dass für die Ansprache ein spezifisches kulturelles Verständnis notwendig ist?

Diese und andere Fragen stellen wir in unserem Interview-Band Menschen mit Migrationshintergrund. Unser Anspruch dabei ist weder eine wissenschaftliche Analyse noch ein repräsentativer Querschnitt. Aufgrund unserer gezielten Auswahl bieten wir verschiedenen Meinungen und Erfahrungen Raum zur Artikulation. Einige unserer Interviewpartner befassen sich seit vielen Jahren mit dem Thema, andere sind schlicht Betroffene. Subjektive An- und Einsichten, Erfahrungen sollen dabei helfen, dass sich die österreichische Gewerkschaftsbewegung und Betriebsräte in Zukunft noch besser um ihre Mitglieder mit Migrationshintergrund kümmern können. Stellvertretend für unterschiedlichste Beschäftigtengruppen mit Migrationshintergrund ermöglicht die konzentrierte Form einen Einblick in die Vielfältigkeit des Themas Integration von türkeistämmigen Arbeitnehmerinnen und Arbeitnehmern am österreichischen Arbeitsmarkt und schafft dadurch die Basis für eine breite und weiterführende Diskussion.

Projektgruppe des 60. Lehrgangs der Sozialakademie

Thom Kinberger
Robert Könitzer
Malgorzata Peterseil
Mehmet Soytürk

„Eine Trennung in ‚ihr' und ‚wir' hat hier nichts zu suchen"

Dr. Azem Olcay, Rechtsberater beim ÖGB
Interview vom 2. Februar 2011

Der ÖGB hat zurzeit einen Schwerpunkt zu Migration und Integration. Welche Bedeutung hatte dieses Thema deiner Meinung nach für die österreichische Gewerkschaftsbewegung?

Innerhalb der letzten drei Jahre hat sich der ÖGB sehr wohl bemüht, sich der Herausforderung zu stellen. Im Zuge dessen haben wir auch eine Veranstaltung organisiert, eine Diskussion geführt und die Ergebnisse zusammengefasst. Wir wollen einen Standpunkt bezüglich Migrantinnen und Migranten erarbeiten. Dafür wäre eine Arbeitsgruppe notwendig, die aus ÖGB-Mitarbeiterinnen und -Mitarbeitern, aber auch aus externen Expertinnen und Experten bestehen sollte. Auf dieser Basis sind Maßnahmen zu formulieren, Projekte zu überlegen usw. Wir sind hier noch mitten drin. Inzwischen haben wir natürlich, über den VÖGB, eine österreichweite Umfrage mit Betriebsrätinnen und Betriebsräten mit Migrationshintergrund gemacht und im Beisein der Befragten die Ergebnisse präsentiert. Zudem haben wir mit Kolleginnen und Kollegen des ÖGB und den Fachgewerkschaften diskutiert, wie die Rahmenbedingungen ausschauen, was machbar und was in erster Linie umzusetzen wäre. Daraus ist die Idee entstanden, eine Arbeitsgruppe zu bilden, die sich in Wien und Umgebung ein oder zwei Mal im Jahr zusammensetzt, um Erfahrungen und Informationen auszutauschen. Bislang hat diese zwei Mal getagt, das ist das letzte Stand, was diese Umfrage betrifft. ÖGB und Migration ist nach wie vor ein zentrales

Thema für uns. Nicht nur für 2011, sondern auch für die weiteren Jahre haben wir uns vorgenommen, der gesellschaftlichen Realität zu begegnen und uns auf den sozialen Wandel einzustellen, um uns innovativ entwickeln zu können. Wir führen die Diskussion also weiter.

Gab es früher Aktivitäten, außer den vom ÖGB angebotenen Seminaren?

Früher gab es in dieser Richtung nicht viel. Ich bin erst seit drei Jahren dabei, aber ein Kollege kroatischer Abstammung macht seit über sechsunddreißig Jahren sozial- und arbeitsrechtliche Beratungen für Migranten beim ÖGB. Auch die Fachgewerkschaften haben in diese Richtung eine Beratung angeboten, die Gewerkschaft Bau-Holz zum Beispiel. In Oberösterreich gab es jahrzehntelang eine Beratungsstelle in Kooperation mit der Arbeiterkammer. Auch in anderen Bundesländern, zum Beispiel Vorarlberg, Tirol und Salzburg gibt es Bestrebungen, die aber nicht vernetzt sind. Der ÖGB kann das leider nicht gut verkaufen. Es tut sich was, es ist aber nicht sichtbar, nicht spürbar, nicht erlebbar. Die nächste Aufgabe wäre, das alles gut zu vernetzen und eine regelmäßige Bestandsaufnahme zu etablieren, um die Erfahrungen auszutauschen.

In einer Diplomarbeit steht, dass die Haltung des ÖGB gegenüber ausländischen Arbeitnehmerinnen und Arbeitnehmern früher eine ganz andere war. Man sah inländische Arbeitnehmerinnen und Arbeitnehmer als Haupt-Klientel und hat sich mit dem Thema Migration bewusst nicht beschäftigt. Würdest du sagen, dass sich diese Einstellung verändert hat? Gibt es eine erkennbare Wende?

Ich erkenne schon eine Wende. Aber über die Vergangenheit möchte ich nicht allzuviel reden, weil ich dafür nicht verantwortlich bin. Ich kann nur über meine eigenen Arbeitserfahrungen sprechen und da erkenne ich die Wende. Anders kann sich die

Organisation in ihrer gesellschaftlichen Relevanz nicht weiterentwickeln. Eine moderne Organisation hat die gesellschaftliche Realität zu erkennen und zu analysieren und sich darauf einzustellen; auf den sozialen Wandel, damit man diesen auch bewältigen kann. Eine große Organisation wie der ÖGB, der eine gesellschaftspolitische Relevanz hat, darf das in Hinblick auf die negativen Folgen nicht versäumen.

Wir möchten den Fokus ein wenig auf die Arbeitswelt verlagern. Sind deiner Meinung nach bei verschiedenen Generationen und verschiedenen Nationen gewisse Integrationsmuster erkennbar? Glaubst du, dass so eine Betrachtung überhaupt zulässig ist, zum Beispiel bezüglich der Geschlechterrolle?

Der ÖGB ist mehr denn je bemüht, sich auf diesem Gebiet bemerkbar zu machen und gerade werden Kampagnen und Projekte überlegt und umgesetzt. Gerade an Themen wie zum Beispiel Geschlechterrolle und Gleichstellung arbeitet man effektiver denn je.

Gibt es keine spezielle Ansprache im Bereich Arbeitnehmerinnen und Arbeitnehmer mit türkeistämmigem Migrationshintergrund?

Nein, diesbezüglich nicht. Noch nicht, es ist noch nicht so weit.

Wäre es notwendig?

Wenn man diese Menschen erreichen will, dann kann ich mir das vorstellen. Denn man soll nicht warten, dass die Menschen zu einem kommen, sondern man soll zu den Menschen gehen. Das ist meine Erfahrung. Man muss zu den Menschen gehen, wenn man etwas von ihnen möchte, sie kommen nicht von selbst.

Vielleicht sollten sich die Gewerkschaftssekretäre stärker einbringen und diverse Unterstützungen anbieten...

Ja, es wäre natürlich notwendig, diesbezügliche Maßnahmen zu überlegen und mit bestehenden Projekten zu verbinden. Sensibilisierung innerhalb der Organisation ist ein Thema, das uns fehlt. Sowohl bei den Gewerkschaftssekretären als auch beim übrigen Personal. Eine moderne Organisation hat das Gesellschaftsbild zu reflektieren. Wenn wir einen gewissen Prozentsatz von Arbeitnehmerinnen und Arbeitnehmern mit Migrationshintergrund haben, und diese sind schließlich auch unsere Mitglieder, dann hat sich eine Organisation auch mit deren Erwartungen auseinanderzusetzen, damit sich dieser Teil der Gesellschaft auch mit der Organisation identifizieren kann, sich vertreten fühlen kann, sich repräsentiert sehen kann. Das ist das Um und Auf der Demokratie.

Das heißt, dass Reflektion immer eine Sichtbarkeit vorausschickt?

Ja, genau. Die Vielfalt, also die multiethnische Gesellschaft ist einmal anzuerkennen und diese Vielfalt gehört erlebbar und spürbar gemacht. Wenn das nicht so ist, dann ist die Identifikation nicht vorhanden und eine Entfremdung die Folge.

Also siehst du auch die Notwendigkeit und die Pflicht, dass der ÖGB gewisse Rollenmodelle anbietet, im konkreten Fall türkische Rollenmodelle, zum Beispiel für Männer und Frauen?

Rollenmodelle in dem Sinne vielleicht nicht, aber dahingehend, dass man sie in der Sprache, die ihnen zugänglich ist, anspricht. Das ist eine Anerkennung und eine Botschaft an diese Menschen, mit der sie sich wahrgenommen und angesprochen fühlen. Menschen persönlich anzusprechen ist etwas anderes, als etwas Allgemeines auszuschicken.

Du hast die Vertretung von Arbeitnehmerinnen und Arbeitnehmern angesprochen. Sind dir bezüglich des Organisationsgrades türkeistämmiger Migrantinnen und Migranten Zahlen bekannt? Wie sieht das Verhältnis Mitgliederzahlen im Vergleich zu Arbeitnehmerinnen und Arbeitnehmern ohne Migrationshintergrund aus?

Prozentuell gibt es keine Zahlen, da solche Erhebungen auf Grund der Antidiskriminierungsrichtlinien nicht gemacht werden dürfen. Aber gefühlsmäßig habe ich den Eindruck, dass Arbeitnehmerinnen und Arbeitnehmer aus der Türkei genau in gleichem Ausmaß wie auch andere Zuwanderer in der Organisation vertreten sind.

Es gab einmal Zahlen aus den 70er Jahren. Man hat Deutschland und Österreich verglichen und es gab in Österreich zwischen 50 und 55 % Gewerkschaftsmitglieder unter türkischen Migrantinnen und Migranten…

Zahlen haben wir nicht. Wir haben versucht, so etwas zu bekommen, es war aber nicht möglich. Aber es gibt Schätzungen, dass der prozentuelle Anteil von Mitgliedern und auch deren Organisationstreue bei Zugewanderten höher ist als bei Einheimischen.

Worauf führst du das zurück?

Wir haben mit den Folgen einer versäumten Integrationspolitik zu kämpfen. Präventiv wurde nicht gearbeitet, immer nur im Nachhinein reagiert. Deshalb ist ihre Situation prekärer als jene der Einheimischen. Ihre Situation ist im Allgemeinen unsicherer, und wenn man sich nicht sicher fühlt, dann braucht man Fundamente, an die man sich anlehnen kann. Und das sind die Organisationen wie die Gewerkschaften und ähnliche, die wichtige gesellschaftliche Player sind, auf die mehr oder weniger Verlass ist und zu denen man einigermaßen Vertrauen hat.

Heißt das, dass es weniger an der Erfahrung mit der eigenen Gewerkschaft, in diesem Fall mit der türkischen Gewerkschaft, liegt? Wir haben ein wenig recherchiert und herausgefunden, dass die türkische Gewerkschaftsbewegung sehr stark und sehr kämpferisch ist.

Ja, aber in der Türkei sind insgesamt nur 6 Prozent der Arbeitnehmerinnen und Arbeitnehmer Mitglied der Gewerkschaft, in Österreich 39 Prozent.

Die gesetzliche Lage ist ja auch unterschiedlich...

Ja, natürlich ist die gesetzliche Lage unterschiedlich. Die Rechte in der Türkei sind eingeschränkt und die Regierung tut diesbezüglich auch nichts Richtiges. Deswegen hat die türkische Gewerkschaft eine Deklaration nach Europa geschickt und bittet die Europäischen Gewerkschaften um Unterstützung. Die Situation in der Türkei ist natürlich prekär. Aber trotz alldem hat die Türkei, als Grenzland zur Sowjetunion im kalten Krieg, mindestens ein paar Jahrzehnte lang einen Brückenkopf für das westliche Bündnis gespielt. Auf Grund dessen jegliche gewerkschaftliche Tätigkeiten, jegliche demokratische Tätigkeiten in Richtung Freiheit, Menschenwürde und Menschenrechte, blutig unterdrückt und verboten wurden. In diesem Land hat sich das Bewusstsein in diesem Sinne nicht gut genug entwickeln können, weil wir alle zehn Jahre einen Militärputsch gehabt haben. Sie haben alles ausradiert, was da war, und man musste alle zehn Jahre neu beginnen, das war nicht leicht. Das System hat durch die ideologischen Apparate wie Zeitungen, religiöse Einrichtungen, Bücher, Schulen, und etliche Massenmedien ständig propagiert, dass gewerkschaftliche Tätigkeit ein kommunistisches Tun, eine kommunistische Sache sei, von der man sich fern halten muss, wenn man seine Ruhe haben und ein „anständiges" Leben führen will. Und so haben die Menschen natürlich einen anderen Bezug zur Gewerkschaft. Nur jene, die ein gewisses politisches Bewusstsein haben, haben auch den Drang und einen Draht zu einer Gewerkschaft.

Du hast gesagt, zum Teil ist das Bewusstsein nicht sehr verbreitet und es ist ein skeptischer Zugang in der Bevölkerung verankert. Da überrascht es natürlich, dass Menschen, die aus der Türkei nach Österreich kommen, vorbehaltlich des von dir schon erwähnten Aspekts der Unsicherheit, sich trotzdem der Gewerkschaft zuwenden.

Erstens einmal, weil ihre Situation eine unsichere ist und sie Sicherheit brauchen. Sie brauchen eine Stütze und die beste Stütze in der Arbeitswelt ist eine gewerkschaftliche Organisation, was denn sonst. Natürlich, eigene Organisationen sind auch sehr verbreitet bei den Migranten, in Vereinen zum Beispiel sind sie sehr gut organisiert. Aber einen Schritt weiter ist die nächste Maßnahme natürlich die Gewerkschaft, die den Menschen Sicherheit anbieten kann, und da haben sie die Neigung dazu. Zweitens, da wir alle zehn Jahre einen Militärputsch erlebt haben, mussten sehr viele, die Erfahrung mit gewerkschaftlicher Arbeit hatten und auch überdurchschnittliches, politisches Bewusstsein hatten, das Land verlassen und ins Ausland gehen. Und die haben hier in den hiesigen Communities eine enorm große Rolle gespielt, und das wäre eine Ressource für Gewerkschaften.

Das ist spannend, wie wäre der Zugang, dass man diese Ressource nutzen, organisieren und vernetzen kann?

Es ist wichtig, dass sich die Organisation den Herausforderungen stellt und sich öffnet. Zu Beginn habt ihr erwähnt, dass der ÖGB eine andere Haltung zeigte als heute, das alles hat natürlich stark mitgespielt. Wir haben auch Zeiten erlebt, als Zuwanderer als Lohndrücker abgestempelt wurden. Anstatt den Sozialpartner anzugreifen, hat man einfach auf das schwächste Glied hingeschlagen. Die Zuwanderer hatten einfach keine Möglichkeit zu verhandeln. Es war ein Katz-und-Maus-Spiel, entweder hat man keine Aufenthaltsverlängerung bekommen, weil man keine Beschäftigung hatte, oder umgekehrt. Und die Migranten mussten das nehmen, was da war, sie hatten eigentlich keinen Spielraum. Sie waren gar nicht in der Lage zu verhandeln, bessere Löhne oder bessere Arbeitsbedingungen, das war gar nicht möglich. Sie waren in jedem Fall einfach Opfer, und jeder hat auf sie hingeschlagen. Das war das Einfachste, denn sie konnten sich ja nicht wehren. Und wenn Organisationen, nicht nur Gewerkschaften, sondern gewerkschaftsrelevante Organisationen überhaupt, das erkennen und diese Ressourcen, die diese Vielfalt bietet, nutzen, um sich in ihrer gesellschaftlichen Relevanz innovativ entwickeln zu können, dann wäre das eine sehr wichtige, bisher brach liegende Ressource. Ein überdurchschnittliches politisches Bewusstsein gekoppelt mit Gewerkschaftserfahrung. Hier in Österreich gibt es genug solche Menschen, die ich auch kenne, mit denen ich vernetzt bin. In Österreich sind nicht viele von ihnen geblieben, weil die sozialen Bedingungen in den anderen europäischen Ländern viel besser waren. Denn wenn man sein Land verlässt und im Exil leben muss, dann sucht man nach der besten Auswahl. Und so sind viele in andere europäische Länder weitergewandert, wo nun die erwähnten Ressourcen besser sind als hier.

Was wären deiner Meinung nach Maßnahmen, was wäre noch zu tun, was sind Spezifika? Wir sprechen jetzt von türkeistämmigen Migranten.

Man muss nicht speziell die Menschen aus der Türkei herausnehmen. Das ist eine allgemeine Frage. Wenn die Gewerkschaften ihr eigenes Personal sensibilisieren und Maßnahmen mit begleitenden Projekten überlegen, dann ist schon viel erreicht. Denn das ist die Basis, um überhaupt etwas unternehmen, um operieren zu können. Dafür braucht man eine Basis, und diese Basis ist das eigene Personal. Dieses gehört sensibilisiert und geschult und muss sich interkulturelle Kompetenzen aneignen können. Weiters gehören interkulturelle Bildungsmethoden und Didaktik in die Ausbildung der Ausbildnerinnen und Ausbildner aufgenommen. Jene also, die Gewerkschafterinnen und Gewerkschafter ausbilden, gehören zuerst selbst sensibilisiert und ausgebildet. Das alles gehört in einen Lehrplan hinein, und dann kann man sich überlegen, was am Arbeitsplatz zu tun ist. Erst dann, wenn du das eigene Personal sensibilisiert hast, kannst du zu den

Betriebsräten in die Betriebe gehen und dort am Arbeitsplatz konkret etwas zustande bringen. Anders ist das nicht möglich. Zuerst Gewerkschaftssekretäre und Personal sensibilisieren, damit sie das weitertragen können. In Folge kann man dann als eine Art Ratgeber Hilfsmaßnahmen für die Betriebsräte zur Verfügung stellen, wie sie Menschen mit Migrationshintergrund ansprechen können, wie sie sie besser verstehen können, korrekt behandeln können, an sie herankommen können, wie sie sie überzeugen können usw. Etwas Dementsprechendes zu erarbeiten, was für Betriebsräte in ihrer Funktion vor Ort hilfreich sein kann, wäre zum Beispiel schon eine konkrete Maßnahme.

Du hast jetzt gesagt, dass es doch eine spezielle Form von Ansprache bezüglich Migranten gibt, wie Betriebsräte mit den Migranten sprechen sollen.

Ja, aber allgemein gemeint. Zum Beispiel in einem Kontext, in dem man kommuniziert, hat eine Trennung in „ihr" und „wir" nichts zu suchen. Wenn du ständig sagst „So ist es bei uns und wie ist es bei euch", dann ist das kontraproduktiv.

Denkst du, dass es hilfreich ist, in der Betriebsratskörperschaft auch türkische Betriebsräte zu haben?

Ja, natürlich.

Das heißt, das würdest du schon unterstützen?

Ja, natürlich, würde ich. Es geht um das Zugehörigkeitsgefühl. Der Mensch hat Grundbedürfnisse. Viele kann man auflisten, aber die wichtigsten in diesem Kontext sind für mich Anerkennung und Zugehörigkeit. Wenn man Zugehörigkeitsgefühl vermittelt, dann kann man mit den Leuten viel anfangen. Das ist das fehlende Element, die Menschen fühlen sich nicht zugehörig. Und wenn ich mich nicht zugehörig fühle, wieso soll ich mitgestalten, was bekümmert mich das? Wir haben für die Gewerkschaften und für die Arbeiterkammer in Oberösterreich zwei Jahre lang Lehrgänge für Betriebsräte gemacht. Damals, vor 2006, hatte man als Migrant, als Zuwanderer ohne österreichische Staatsbürgerschaft kein passives Wahlrecht. Gesetzlich ist das erst seit Juni 2006 zugelassen. Zuvor hatten Personen ohne österreichischen Pass kein Recht und keine Möglichkeit gehabt, als Betriebsrat gewählt zu werden. Und deshalb haben wir die Bedingung gestellt, dass sie zumindest Vertrauenspersonen mit Migrationshintergrund mitnehmen, also Gruppenvertreter, und das ist auch passiert. Es gab insgesamt neun, zehn Betriebe im Lehrgang, manche mit über 1600–1700 Beschäftigten, und es hieß, dass die Beschäftigten mit Migrationshintergrund sich an der Betriebsratswahl überhaupt nicht beteiligt haben. Und die wussten nicht warum. Die Betriebsräte waren verzweifelt und haben nach einer Antwort auf diese Frage gesucht. Die Antwort kam von den Vertrauenspersonen, wurde unverblümt auf den Tisch gelegt und war ganz einfach: „Wir haben uns nicht wahrgenommen gefühlt, wir haben uns nicht zugehörig gefühlt, wir wurden diesbezüglich gar nicht angesprochen. Und wenn nun eine Wahl stattfindet, bekümmert uns das nicht, wir dürfen ja gar nicht gewählt werden. Wozu sollen wir wählen, es spricht uns diesbezüglich niemand an."

Das bedeutet aber den Umkehrschluss, ich sehe mich in erster Linie als türkischer Arbeitnehmer, und erst in zweiter Linie als Arbeitnehmer. Denn wenn meine allgemeinen Arbeitnehmerinteressen vom Betriebsrat vertreten werden, dürfte das eigentlich keine Rolle spielen.

Aber werden sie vom Betriebsrat auch so angesprochen? Kommt das so bei den Leuten rüber, fühlen sie sich zugehörig? Es gibt unterschiedliche Konflikte am Arbeitsplatz. Im Pausenraum bilden sich Gruppen. Jede Sprachgruppe findet sich ganz automatisch zusammen. In der eigenen Sprache ist es leichter, sich in kurzer Zeit zu unterhalten. Und diese Bildung von Gruppen führt natürlich zu Kontroversen. Jeder ist skeptisch, ob die anderen nicht vielleicht über einen lästern. Was reden die da, ich verstehe die Sprache nicht. Was ist da los, warum sprechen die nicht Deutsch. Man kann die Menschen dazu nicht zwingen, man kann ihnen nicht die Sprache wegnehmen. Zumindest während der Pause dürfen sie frei entscheiden, in welcher Sprache sie sich unterhalten wollen. Man kann aber natürlich Maßnahmen treffen, die es ermöglichen, gemeinsam zu kommunizieren. Den Raum so gestalten, dass es zu gemeinsamen Gesprächen kommt, zum Dialog kommt.

Also wichtig wäre es, die Gruppen zusammenzubringen und nicht zu teilen. Würdest du jetzt keine gezielte, spezifische Ansprache einer Gruppe vornehmen, bedeutet das aber auch, dass eine Gruppe gar keine besondere Ansprache erwartet?

Nein, erwartet sie nicht. Wenn in einem gemeinsamen Pausenraum Bilder von allen Ländern hängen, natürlich auch aus der Türkei, ist das eine Anerkennung. Das ist eine Botschaft: wir nehmen euch wahr, ihr seid ein Teil vom Ganzen, ihr seid auch präsent.

Welche Rolle spielt die Sprache in diesem Szenario, das wir jetzt hier beleuchten?

Die Sprache spielt eine ziemlich wichtige Rolle. Aber wenn man sich verständigen will, kann man sich verständigen. Wenn man will, ist die Sprache kein großes Hindernis, man findet zueinander. Man soll die Sprache nicht an die große Fahne hängen und damit alles verhindern, sondern man kann auch Dialoge ohne besondere Sprachkenntnisse führen. Man kann sich verständigen, wenn es darauf ankommt. Und die Sprache entwickelt sich genau aufgrund dessen, wie denn sonst? Sonst bleibt man konserviert.

Das heißt, dass man einfach agieren soll, ein Wir-Gefühl schaffen und gar nicht so lange darüber nachdenken soll, wie das mit dem Mechanismus Sprache ist?

Vor allem Gewerkschaftsarbeit hat die Vielfalt anzuerkennen, sich darauf einzustellen. Auf Ungerechtigkeiten in Bezug auf die Zugewanderten und auf die Probleme im Zusammenleben, ohne sie zu ignorieren. Das alles muss man berücksichtigen. Aber trotzdem darf man die Zugewanderten nicht als Problemgruppe abstempeln. Man muss sie als ganz gewöhnliche Mitmenschen betrachten, als Teile dieser Gesellschaft, Teile des Ganzen. Denn Integration heißt nichts anderes, als einander zu einem Ganzen zu ergänzen. Wir alle sind aufgefordert, uns zu integrieren, uns zu einem Ganzen zu ergänzen. Das heißt nicht, dass jemand sich anpassen muss, sondern jeder hat die Aufgabe, an dem sozialen Gewebe zu arbeiten, damit die gesellschaftlichen Zellen – jeder von uns ist damit angesprochen – immer mehr zusammenrücken und nicht umgekehrt. Und das ist notwendig für den gesamtgesellschaftlichen Zusammenhalt. Das erzeugt Wir-Gefühl.

Also deine Integrationsdefinition ist eine andere, als die allgemein verstandene ...

Ja, das ist sie, das ist sie.

Wie hoch schätzt du die Bereitschaft auf allen Seiten ein, Integration zu betreiben?

Bevor ich zum ÖGB gewechselt habe, habe ich auf Gemeindeebene und Kommunalebene Integrationsarbeit betrieben. In einer besonders schwierigen Gemeinde lebten insgesamt 200 Migrantenfamilien. Die Gemeinde war auch nicht besonders groß, aber immerhin. Die Schere war da ziemlich auseinander. Das hat auch historische Hintergründe gehabt, wie die Türkenbelagerung, das darf man auch nicht vergessen. Gassen waren danach benannt, es gab eine Statue, bei der die Türken als Schlange symbolisiert waren, und so weiter. Das hat natürlich für Unruhe gesorgt. Und dort wurde ständig von der für Integration zuständigen Stadträtin thematisiert, dass sich die Türken nicht integrieren wollen, dass sie unsere Sprache nicht lernen wollen. Beweis dafür: sie haben zum x-ten Mal in Kooperation mit einer Volkshochschule Deutschkurse organisiert und sie schriftlich eingeladen, und keiner hat sich angemeldet. Sie wollen es nicht. Ich wusste natürlich aus Erfahrung, dass – um Zugang zu diesen Communities zu finden – Multiplikatoren eine enorm wichtige Rolle spielen. Und deshalb sage ich, Personalpolitik wäre wichtig, die Verwaltung, das Personal hat das gesamtgesellschaftliche Bild zu reflektieren. Das sind die Multiplikatoren für die jeweiligen Communities. Und deshalb wusste ich, dass Multiplikatoren wichtig sind. Und auch, dass ich, selbst wenn ich ihre Landessprache spreche, selbst wenn ich auch aus demselben Land stamme, ein Fremder für die dortige Community war. Jemand aus deren Reihen musste sich als Mediator einsetzen, und den habe ich auch gefunden. Ich habe ihn gebeten, Leute für die Deutschkurse zu organisieren. Er ist durch die Gemeinde gegangen und mit 78 Teilnehmerinnen und Teilnehmern zurückgekommen, Männer, Frauen, jung, alt. 78 Personen aus 200 Familien, das ist eine tolle Leistung. Diese Deutschkurse haben wir jahrelang in drei Klassen parallel geführt.

Und wie zeigt sich das Bild jetzt in der Gemeinde?

Viel besser natürlich. Jetzt haben sie auch Gemeinderätinnen und Gemeinderäte, sie sind im Gemeinderat vertreten, sie sind politisch mit dabei, sie gestalten mit, sie mischen mit, sie reden mit, sie sind überall dabei.

Man kann fast sagen, es war eine „Undercover-Arbeit", was du geleistet hast ...

Ja, kann man sagen. Es ist wichtig, wie man an die Sache herangeht und wie man alles rüberbringt. Es genügt nicht, einfach zu sagen: „Wir haben für die Leute dies und jenes gemacht, aber die wollen das nicht, die rühren sich nicht". Diese Türken, die sich angeblich nicht integrieren wollten, die Deutsch nicht lernen wollten, die haben dann jahrelang diese Kurse gemacht. Und leicht war es nicht für sie, aber sie haben es trotzdem getan. Das zeigt die Bereitschaft. Die Bereitschaft ist da, nur musst du wissen, wie du damit umgehst.

Das heißt, man könnte das auch auf der betrieblichen Ebene umsetzen, Multiplikatoren finden, Repräsentationen finden?

Ja, natürlich. Ich begleite jetzt zum Beispiel im Burgenland einen Betrieb, wo 95 Prozent der Belegschaft dabei sind, einen Betriebsrat zu gründen. Und die sind alle aus der Türkei außer ein paar Personen.

Was waren deine zentralen Botschaften, die du in die Communities getragen hast, und was sind jetzt deine Botschaften, die du in die Betriebe trägst?

Ich bin einfach zu ihnen gegangen und habe mit ihnen persönlich gesprochen. Und wenn ich mit den Menschen persönlich darüber rede, nehme ich sie wahr und schätze sie auch. Dieses Gefühl bekommen sie. Und wenn das Gefühl da ist, dann tut sich was. Du musst den Zugang schaffen, dann schaffst du alles andere auch. Den Zugang, wenn es anders nicht geht, schaffst du durch Multiplikatorinnen und Multiplikatoren. Die Multiplikatorinnen und Multiplikatoren muss man erkennen. Wir haben für Betriebsrätinnen und Betriebsräte Grundkurse in deutscher Sprache organisiert und in die Muttersprache übersetzt. Zuerst gab es acht Anmeldungen und zwei, aus Vorarlberg, haben sie zurückgezogen, weil es ihnen zu weit war. Es sind sechs übrig geblieben, und das war der Gewerkschaft zu wenig, sie wollte das nicht mit so wenigen Leuten durchziehen. Wir haben es auch in der Zeitung beworben, dass wir solche Kurse organisieren, und es den Sektionen in den Bundesländern schriftlich mitgeteilt. Das kommt nicht an. Du musst die Leute persönlich ansprechen. Wenn ich mit Betriebsrätinnen und Betriebsräten persönlich darüber spreche, fliegen alle darauf.

Wie weit spielt es eine Rolle, dass du selbst aus der Türkei stammst?

Es spielt vielleicht eine leise Rolle, aber obwohl ich aus der Türkei komme und die Sprache spreche, bin ich weiterhin ein Fremder für sie. Ich kenne sie nicht, aber ich spreche sie persönlich und direkt an, und das ist das Wichtigste.

Es gibt auch gewisse Mentalitätsunterschiede. türkeistämmige Migranten mögen es gerne, persönlich angesprochen zu werden...

Alle Menschen legen Wert darauf. Man fühlt sich wertgeschätzt. Ich habe etwa sechs Jahre lang als Lehrer in einer Hauptschule im 20. Bezirk gearbeitet und 82% der Schülerinnen und Schüler waren mit Migrationshintergrund. Wenn ich in die Klasse ging, dann waren nicht nur türkische Kinder dort, sondern Kinder aus verschiedensten Ländern. Ich habe im Vorhinein gelernt, wie man in verschiedenen Sprachen „Guten Morgen" sagt. Und ich habe alle Kinder in ihrer Muttersprache begrüßt. In der Pause war ich für sie Anziehungspunkt und Vertrauensperson. Ich war für sie dort ihr Lehrer, sie haben mir Fragen gestellt, wenn sie etwas nicht verstanden haben. Die Kinder haben sich bemüht, mir ihre Sprache beizubringen, weil sie das Gefühl hatten, dass ich ihre Sprache wertschätze, dass ich sie wahrnehme. Und das war richtig. Und es war nicht viel, man muss nicht die ganze Sprache lernen, man muss nicht aus dem Land kommen. Man muss ein Gefühl vermitteln. Ich bin nicht aus Kroatien, aber auf Kroatisch habe ich sie begrüßt, und das hat gereicht.

Das sind also auch kleine Dinge, die man leicht umsetzen kann.

Ja, so ist das. Das ist kein Aufwand.

„Die größte Gefahr ist ein Rechtsruck innerhalb der Gewerkschaft"

Hasan Tanyeli,
Betriebsrat im Bundesrechenzentrum
Interview vom 24. Februar 2011

Hasan, gibt es eine besondere Ansprache für türkeistämmige Arbeitnehmerinnen und Arbeitnehmer seitens der Gewerkschaft und des Betriebsrates, und falls ja, wie müsste diese aussehen?

Anhand meiner Erfahrung bin ich selbstverständlich dafür, dass wir Betriebsräte und Betriebsrätinnen mit Migrationshintergrund haben, unsere Situation ist sehr spezifisch. Deutsch ist zwar nicht unsere Muttersprache, aber trotzdem leben wir hier seit 30, 40 Jahren. Ich sehe auch den Bedarf einer Stelle im ÖGB, die sich in diese Richtung spezialisiert. Wie das konkret ausschauen soll, ist eine Frage des Austauschs. Ich habe zwei Mal während des ÖGB-Kongresses, 2007 und 2009, vorgebracht, dass eine Stelle für dieses Anliegen nicht schlecht wäre. So wie es sie für Frauen gibt, für Jugendliche und für Pensionisten, sollte es auch eine für Migranten geben. Das ist natürlich nur ein grober Wunsch, wie das dann genau ausschauen und funktionieren soll, ist eine Sache, die man anhand von Diskussionen klären kann. Es gab zum Beispiel einmal ein gewerkschaftliches Treffen von Willi Mernyi und Azem Olcay, bei dem darüber diskutiert wurde und Vorschläge eingebracht wurden, wie sich so eine Stelle im ÖGB realistisch einrichten ließe.

Und wie waren die Reaktionen auf deine Vorschläge bei den ÖGB-Kongressen?

Bei den Kongressen ist es oft so, dass der tiefer gehende Austausch zu bestimmten Reden und Themen vor den Türen des Veranstaltungssaales stattfindet. Bei einem Kongress versuche ich deshalb oft, abseits des Podiums mit den Menschen zu sprechen und ihre Meinungen einzuholen. Da gab es auch eine Runde aus Betriebsräten aus mehreren Firmen mit Erich Foglar. Das war noch vor seiner Zeit als Vorsitzender. Bei diesem Gespräch hat sich herausgestellt, dass er geglaubt hat, wir Migranten wollen in Betrieben eigene Betriebsräte nur für Migranten, also Betriebsräte, die sich nur mit Anliegen von Migrantinnen und Migranten beschäftigen. Das war natürlich ein Missverständnis und ich habe damals in dieser kleinen Runde versucht, das zu korrigieren und zu erklären, dass Betriebsräte selbstverständlich für alle Arbeitnehmerinnen und Arbeitnehmer da sind und ich selbst ein Beispiel dafür bin, da ich das auch so praktiziere. Ich bin seit 2008 Betriebsrat. Zuerst in einer Leiharbeitsfirma, über die ich hier im Bundesrechenzentrum eingesetzt war. Danach wurde ich übernommen und der Vorsitzende des Betriebsrates, der mich über die Gewerkschaft wie auch privat kennt, hat mich dann bei der nächsten Wahl auf seine Liste für das Bundesrechenzentrum genommen. Ich habe versucht, zu vermitteln, dass es hier um alle geht und nicht eine separate Sache.

Was wäre nun konkret deine Idee, was dieses Thema betrifft?

Eine spezielle Anlaufstelle im ÖGB mit Experten. Menschen mit Erfahrung, die ein Konzept dazu erarbeiten, welche Probleme überhaupt bestehen beziehungsweise welche Ziele es gibt und mit welchen Mitteln man diese lösen oder erreichen kann. Man sollte eine Gruppe bilden, die entsprechende, unter anderem auch finanzielle Ressourcen hat. Azem Olcay hat zum Beispiel Interviews mit Betriebsräten gemacht, aus Eigeninitiative und ohne Auftrag vom ÖGB. Es geht also um Menschen, die ständig da sind und schauen, welche Probleme und Bedürfnisse es gibt und wie wir an sie herangehen können. Vor ein paar Jahren waren nach einer Schätzung von rund 1,3 Millionen Mitgliedern des ÖGB circa 130.000 Mitglieder mit Migrationshintergrund. Zieht man von den 1,3 Millionen noch die rund 300.000 Pensionistinnen und Pensionisten ab, sprechen wir von rund einer Million aktiver Mitglieder, und 130.000 davon ist ja keine Kleinigkeit. Das Problem ist – und das habe ich auch beim letzten Kongress gesagt –, dass die meisten dieser Personen noch aus der ersten Generation sind. Das Interesse in der zweiten und dritten Generation ist nicht so hoch, wie wir uns das wünschen. Das heißt, wenn die erste Generation in Pension geht, wird der Anteil der Migranten unter den Mitgliedern deutlich sinken. Es besteht nicht so wie bei Österreichern die Kultur, dass man als Pensionist auch bei der Gewerkschaft bleibt. Sondern man fragt sich einfach: „Habe ich noch etwas davon?", und dann bleibt man dabei oder eben nicht. Man denkt hier überspitzt gesagt nicht in diesem gesamtgesellschaftspolitischen Rahmen. Deswegen finde ich es schade, dass so ein großes Potenzial nicht genutzt wird. Denn Menschen mit Migrationshintergrund und Zuwanderer machen mit insgesamt rund einer Million fast ein Drittel aller unselbstständig Erwerbstätigen aus. Es reicht nicht immer, einfach nur zu sagen, je mehr Mitglieder wir haben, desto stärker sind wir. Das stimmt, das ist eine Seite der Medaille. Aber das sind passive Mitgliedschaften, aber natürlich sind es finanzielle Mittel. Ich bin dafür, dass man aktive Mitgliedschaften ermöglicht, wo die Mitglieder aktiv mitgestalten und mitbestimmen können. Das würde meiner Meinung nach auch mehr gegen Ausländerhetze, gegen Rassismus und gegen Vorurteile am Arbeitsplatz wirken. Deswegen ist das für mich persönlich ein großes Anliegen. Je früher das angegangen wird, desto besser für die Gesellschaft. Besonders für die arbeitende Gesellschaft in Österreich, denn die soziale Situation der unselbstständig Erwerbstätigen wird immer schlechter. Wir sehen auch eine Verschärfung der politischen Lage. Insofern, dass populistische Strömungen immer mehr Möglichkeiten haben, immer breiter werden und in der arbeitenden Bevölkerung leider immer mehr ankommen, weil die alten Parteien nicht mehr die Hoffnungen transportieren können wie früher. Deswegen gehen viele Stimmen in die andere Richtung.

Was die gewissermaßen unterschwellige Radikalisierung in Richtung Rassismus und Vorurteile anbelangt, sehe ich die Gefahr nicht nur bei den Österreichern. Das ist keine Verallgemeinerung, damit das nicht missverstanden wird. Auch bei den Migranten gibt es nationalistische und rassistische Herangehensweisen. Diese werden aus den Herkunftsländern, wo es solche Haltungen gibt, genährt und von dort auch unterstützt und gefördert. Und wenn wir hier nun eine Atmosphäre haben, die vordergründig von Vorurteilen und gegeneinander hetzen geprägt ist, dann wird das dadurch nicht minimiert, sondern gießt Öl ins Feuer.

Was ist für dich der Unterschied zwischen den ersten und den Folgegenerationen in Bezug auf das Interesse an der Gewerkschaft? Was sind die Gründe, dass nach der Pensionierung der ersten Generation kaum neue Mitglieder nachkommen?

Ich habe keine Analyse darüber gemacht, ich kann nur gefühlsmäßig etwas dazu sagen. Diejenigen der ersten Generation, die zur Gewerkschaft gegangen sind, haben die Vorteile, auch bedingt durch ihre Situation, gesehen. Das waren natürlich auch Leute, die in ihrem Heimatland Kontakt mit der Gewerkschaft hatten und daher wussten, dass das etwas Nützliches ist. Die erste und zweite Generation hat zudem, denke ich, auch eine gewisse Allgemeinbildung. Und jetzt ist leider auch eine Abneigung da, sich zu integrieren, damit meine ich aber nicht assimilieren. Dass es diese populistische und rassistische Hetze gibt, ist die radikale Gegenreaktion in dem Sinne: „Damit will ich überhaupt nichts zu tun haben." Das heißt überspitzt gesagt also nicht einmal das Positive anzunehmen. Zum Beispiel eben die Gewerkschaft. Denn Gewerkschaft ist ja ein Instrument, eine positive Möglichkeit, die man für alle Arbeitnehmer, Jugendliche und so weiter nutzen kann. Hier gibt es einen Vorbehalt. Ich habe mich zum Beispiel als Kind in der Schule dagegen gewehrt, Deutsch zu lernen, obwohl mein Vater nicht so eingestellt war. Warum? Ich bin in einer Umgebung aufgewachsen, wo die meisten Personen aus ländlichen Teilen stammten, die sehr religiös geprägt waren. Die deutsche Sprache wurde mit dem Christentum verbunden und Christliches wurde als etwas Negatives gesehen, daher gab es diese Abneigung. Meine Onkel haben mir das so vermittelt und zu mir als Kind waren sie sehr lieb, deshalb habe ich das auch so mitgenommen. Ich habe deswegen in Deutsch schlechte Noten gehabt und das erst später ausgebessert. Ich will an meinem Beispiel nur verdeutlichen, wie sich so ein subtiler, psychologischer Einfluss auswirken kann.

Es gab 1984 eine Studie, in der Arbeitnehmerinnen und Arbeitnehmer mit Migrationshintergrund befragt wurden, ob sie mit dem Betriebsrat zufrieden seien. Circa zwei Drittel haben geantwortet, sie wären nicht zufrieden, da die Betriebsräte nur die Interessen der einheimischen Arbeitnehmerinnen und Arbeitnehmer vertreten würden. Sie wurden auch gefragt, ob sich etwas verändern würde, wenn sie bei Betriebsratswahlen das passive Wahlrecht hätten? Fast genau so viele haben „nein" gesagt, sie waren also resigniert, ohne Hoffnung. Wie schaut es jetzt aus? Mittlerweile haben wir ja das passive Wahlrecht erreicht. Kannst du einen Vergleich herstellen?

Ich kann leider keinen Vergleich machen, weil ich diese Erfahrungen nicht gemacht habe. Seitdem ich Betriebsrat bin, arbeite ich in einem Betrieb, in dem fast 1.200 Leute beschäftigt sind, davon vielleicht 20 Personen mit Migrationshintergrund und außer mir alle Akademiker. Daher kann ich keinen Zusammenhang herstellen. Ich kann nur spekulieren, was hier Vorbehalte sind. Ich schätze, es ist einfach eine sehr niedrige Allgemeinbildung bei den Migrantinnen und Migranten vorhanden, die hauptsächlich aus den ländlichen Gegenden kommen. Und das ist verbunden mit negativen Vorurteilen. So wie österreichische Kollegen negative Sachen vorbringen und diese verallgemeinern, passiert das bei den Migrantinnen und Migranten leider auch oft. Es ist einfach dieses Misstrauen da, und das ist schwer zu überwinden. Ich bin davon überzeugt, dass es österreichische Betriebsrätinnen und Betriebsräte gibt, die so gut arbeiten, dass sie dieses Misstrauen überwunden haben. Da braucht es meiner Meinung nach eine sensible Arbeit. Nach meiner Vorstellung müsste zum Beispiel die Gewerkschaft die Möglichkeit haben, genau in diesem Zusammenhang in die Betriebe zu gehen, also im Kontakt zu den arbeitenden Menschen genau diese Fragen zu stellen und entsprechende Möglichkeiten, Antworten und Lösungen anzubieten. Das habe ich zuvor mit dieser zentralen Stelle gemeint. Hier schließt sich der Kreis. Das würde verhindern, dass es Parallelgesellschaften in einem Haus oder sogar einem ganzen Betrieb gibt. Die Kollegen arbeiten nebeneinander, natürlich auch teilweise miteinander, aber das geht nicht soweit, dass sie echte Kumpel oder wie wir sagen, Hawara werden (lacht).

Beim Deutschen Gewerkschaftsbund gibt es seit zwei Jahrzehnten einen Bildungsverein, der auch solche Schwerpunkte hat. Es gibt Anlaufstellen für Migrantinnen und Migranten, es gibt Seminare, seien es jetzt Deutschkurse oder Sensibilisierungsarbeiten, Informationen über Fremdenrecht und so weiter. Die haben eine Riesenpalette als Zentralorganisation. Aber sie haben auch in den Unterorganisationen, sei es jetzt die IG Metall oder Verdi, mittlerweile ähnliche Strukturen aufgebaut. Wäre etwas Ähnliches ein Vorbild für dich?

Ja. Aus diesem Grund haben wir als Interessensgemeinschaft work@migration der GPA-djp im letzten Bundesforum im November einen Antrag eingebracht, dass jemand in der GPA-djp hauptamtlich in dieser Angelegenheit eingestellt oder freigestellt werden soll. Eben nicht nur zentral beim ÖGB, sondern dass auch die Teilgewerkschaften zuständige Leute haben. Denn ich persönlich sehe zwei große Hindernisse, warum neue Mitglieder sehr schwer zu werben sind. Das eine, allgemeine ist, dass das Vertrauen in die Gewerkschaften gewissermaßen erschüttert ist. Und zwar generell, egal ob Inländer oder Ausländer, Migranten oder Einheimische, da die Gewerkschaft nicht kämpferisch auftritt, wo sie es sollte, nicht auf den Tisch haut, wo sie es sollte, und das frustriert natürlich die Leute. Wenn ich als aktiver Betriebsrat, als Gewerkschafter versuche, Migrantinnen und Migranten anzusprechen, um sie für die Gewerkschaft zu werben, habe ich einerseits die gerade beschriebene Schwierigkeit und als zweites die angesprochenen Vorbehalte. Das heißt, ich muss zwei Hindernisse überwinden. Wenn der ÖGB noch aus budgetären Gründen zögert, eine Abteilung zum Thema „Migration am Arbeitsplatz" zu installieren, so ist das zu kurzfristig gedacht. Das ist nicht nur eine finanzielle Angelegenheit. Das ist wie beim Hausbau, man muss kurzfristig investieren, aber dafür wohnt man nachher ja auch darin. Das heißt, wenn sie das kurzfristig machen würden, dann hätten sie aber auch Mitglieder, die monatlich ihre Beiträge bezahlen. Das ist das eine. Das andere, was meiner Meinung nach die größte Gefahr ist, wäre ein Rechtsruck innerhalb der Gewerkschaft. Ich höre intern immer wieder, dass wir aufpassen müssen, die Mitglieder, die rechts denken, nicht zu vergraulen. Was heißt das? Das heißt, man gibt rechten Positionen nach, aber man merkt nicht, dass man damit selbst irgendwann auf diesen Positionen steht. Das erschwert einerseits den Zugang neuer Mitglieder, die Migrantinnen und Migranten sind, andererseits geht es immer mehr nach rechts. Ich denke, das muss man auch sehen, dass diese Gefahr besteht. Im alltäglichen Leben sieht die Gewerkschaftsführung das nicht. Denn sie versucht die Balance zu halten. Uns versuchen sie Zuckerl zu geben, die wir aber nur langsam bekommen. Nach dem Kongress 2007 war ich zum Beispiel bei einem führenden Gewerkschaftsfunktionär und habe ihm die Anliegen der work@migration vorgebracht. Er hat sich fast die ganze Zeit mit seinem Handy beschäftigt. Dann habe ich ihn nach seiner Meinung zu den vielen Dingen gefragt, die ich ihm erzählt habe, und er hat nur verlegen gelacht. Er hat nicht gewusst, was ich ihm gesagt habe. Dann sind wir so verblieben, dass er gesagt hat, ich würde von einem Mitarbeiter kontaktiert werden. Ich habe Monate gewartet, das war im Februar. Am 1. Mai habe ich den Mitarbeiter zufällig getroffen und ihn gefragt, was jetzt mit dem Kontakt sei. Er hat mir geantwortet, er habe ihm nur etwas von einem Taxifahrer aus der Türkei gesagt. Das zeigt die Ernsthaftigkeit, dass einige diese Anliegen überhaupt nicht wichtig nehmen. Wenn er nicht einmal weiß, wer bei ihm war und wem er was gesagt hat. Und das sehe ich als großes Problem, dass sie nicht einmal sehen, wie wichtig das im Interesse der Gewerkschaft, sogar der österreichischen Gesellschaft ist. Und dann bin ich nicht überrascht, wenn solche Fremdenrechtspakete wie heuer im Ministerrat beschlossen werden.

Du hast einen gesellschaftlichen Graben beschrieben, der sich auftut, eine Radikalisierung auf beiden Seiten. Halten wir uns einmal nur an die Gewerkschaft als maßgeblichen Teil der Gesellschaft. Du hast skizziert, dass es Expertinnen oder Experten geben soll, die die Zielgruppe der Migrantinnen und Migranten ansprechen, ihre Bedürfnisse identifizieren, für sie da sind, Vorurteile aus dem Weg räumen sollen und so weiter. Gibt es deiner Meinung nach spezifische Dinge, die Migrantinnen und Migranten von der Gewerkschaft brauchen, als Arbeitnehmerin und Arbeitnehmer oder Betriebsratsmitglied, und gibt es gegebenenfalls spezielle Dinge in Bezug auf türkeistämmige Personen?

Also, was die Nationalität betrifft, ich komme aus einer kurdischen Familie und bin türkisch assimiliert, das heißt meine Muttersprache ist türkisch. Ich betone das, um zu vermitteln, dass ich von einer internationalistischen Sichtweise an das Thema herangehe. Es gibt hier die Gefahr, dass die Anti-Ausländer-, Anti-Migranten-Angelegenheit auf die türkische Gemeinschaft fokussiert wird. Es passiert daher sehr leicht, dass die anderen Nationalitäten in Betrieben oder der Nachbarschaft aufatmen, weil sie sich nicht als Ziel sehen, sondern eben die anderen. Deshalb habe ich das jetzt erwähnt, weil man aufpassen muss, nicht zu sagen, das geht mich nichts an, weil es auf andere gerichtet ist. Die Gewerkschaft könnte Mechanismen schaffen, indem sie öffentlich dagegen auftritt, auch medial dagegenwirkt. Weiter könnte sie in der „Solidarität" oder im Netz diesbezüglich Artikel von Betroffenen oder von Experten erscheinen lassen. Also eine Art Bewusstmachung, eine Art Aufklärung. Was Betriebsräte betrifft, empfehle ich zum Beispiel muttersprachliche Unterlagen. Viele österreichische Kollegen glauben, wenn Dinge auf Türkisch übersetzt werden, bleiben die Leute nur auf ihrem Niveau und in ihren eigenen Welten. Es gibt natürlich Türken oder Kurden, die in ihren eigenen Welten leben, aber das ist eine Minderheit. Für den größeren Teil ist es so, dass sie eben das als Möglichkeit nehmen, um Deutsch besser zu verstehen, um Deutsch besser zu lernen. Das ist also eine Stufe, um weiterzukommen und nicht stehen zu bleiben. Und ich denke, dieses Missverständnis muss auch irgendwie überwunden werden. Der Großteil der Menschen mit Migrations-Hintergrund geht mit dem Verständnis heran, dass es angenehm ist, dass es so etwas auch auf Türkisch gibt, denn dann können sie alles besser verstehen. Aber nicht dafür, um in einer Parallelgesellschaft zu bleiben. Ich will, dass wir gemeinsam agieren, denn wir sind ein Teil dieser Gesellschaft.

Wenn ich dich richtig verstanden habe, siehst du das als Vorstufe einer gelungenen beidseitigen Integration.

Genau, das ist ein Sprungbrett, damit man das besser versteht. Aber eben nicht, damit die Leute in einer Parallelgesellschaft bleiben.

Du hast den Unterschied zwischen Kurden und Türken thematisiert. Dem klassischen Betriebsrat sind diese Unterschiede vielleicht überhaupt nicht bewusst und auch nicht klar, inwieweit die Körperschaft diese berücksichtigen soll. Glaubst du, dass es für einen österreichischen Betriebsrat wichtig ist, dass er über die kulturellen oder die gewerkschaftlichen Hintergründe der Türkei Bescheid weiß? Ist das notwendig, um Arbeitnehmerinnen und Arbeitnehmer mit türkischem Migrationshintergrund mit ins Boot zu holen?

Ich denke nicht, dass es notwendig ist, wenn man aber diese gesellschaftspolitischen Informationen über das Herkunftsland hat, ist das natürlich nicht schlecht. Und solange ein Betriebsrat keinen Anlassfall sieht, dass es zu Konflikten zwischen unterschiedlichen Nationalitäten oder Ländern kommt, ist auch kein Grund vorhanden. Warum ich Unterschiede so betone ist, weil ich sehe, spüre und es auch oft höre, dass besonders rechtsgerichtete Personen, also auch jene, die auch die Nazi-Ideologie verherrlichen, eine automatische Sympathie entwickeln, wenn man ihnen sagt, dass man Kurde ist. In ihrem Verständnis sind Kurden auch indogermanisch und damit nicht so negativ besetzt wie ein Türke. Sie machen also einen Unterschied. Deswegen habe ich es zuvor angesprochen. Damit die Gewerkschaft sieht, wie wichtig es ist, sich nicht herauszunehmen und zu meinen, man sei nicht angesprochen oder gegen diesen Blödsinn zu solidarisiert. All diese Feinheiten könnte man sammeln, wenn es eine Ansprechstelle gäbe, und dort auf den Tisch legen.

Gibt es neben der Sprache, die du als Sprungbrett genannt hast, noch andere Elemente, die im Umgang mit Arbeitnehmerinnen und Arbeitnehmern mit Migrationshintergrund zu berücksichtigen wären?

Ein Österreicher oder eine Österreicherin, Gewerkschaftsfunktionär oder Betriebsrat sollte so authentisch an die Leute herangehen, wie er ist. Denn das ist eine sehr sensible, eine psychologische Angelegenheit, und dafür müssten die Personen Spezialisten sein, was die Kommunikation betrifft. Ich denke aber auch, dass wir Migranten die Verpflichtung haben, die Gepflogenheiten zu lernen. Ich bin seit 40 Jahren hier, und es gibt noch immer Missverständnisse. Es gibt sensible Kollegen, die sowieso darauf achten, aber alles kann man nicht verhindern. Es gibt tausend Kleinigkeiten, zum Beispiel ist es in Österreich okay, sich zu schnäuzen, während andere essen, das macht man in der Türkei überhaupt nicht. Man kann nicht auf alle Sachen von vornherein Rücksicht nehmen. Ich als Betriebsrat mit türkischem Migrationshintergrund weiß, wie ich mit einem türkischen Kollegen umgehen muss. Aber bei einer polnischen Kollegin muss ich das auch erst lernen, ob zum Beispiel eine bestimmte Art von Humor ankommt oder nicht. Man kann nur in Grundzügen auf Dinge Rücksicht nehmen. Wenn es gröbere Dinge gibt, bräuchte man dann Leute, die entsprechend spezialisiert sind, um es mit einer Supervision zu klären. Die Spezialisten in der Gewerkschaft sollen aber nicht nur vermitteln, sondern als Ansprechpartner, Wegweiser und Serviceeinrichtung für jeden fungieren, der entsprechende Fragen hat und Hilfe braucht.

„Sie vertrauen mir,
weil ich auch Türke bin"

Yücel Eser, Arbeiterbetriebsrat bei Coca Cola
Interview vom 10. März 2011

*Yücel, du bist Betriebsrat bei Coca Cola und selbst türkeistäm-
miger Österreicher. Ihr habt einen relativ hohen Anteil an Mitarbeiterinnen und Mitarbeitern mit türkischem Migrationshintergrund. Hast du das Gefühl, dass es deshalb deine spezielle
Aufgabe ist, diese Mitarbeiter zu betreuen?*

Das ist nicht nur eine Aufgabe im Rahmen meiner Arbeitszeit,
sondern ich betreue die Kollegen auch in meinen Privatzeiten.
Sie können mich jederzeit anrufen und wenn es wichtig ist, besu-
che ich die Kollegen auch zu Hause. Ich kümmere mich um sie,
weil ich ihre Probleme kenne, ich weiß über ihren Familienstand
Bescheid und helfe ihnen auch bei Themen, die mit der Firma
oftmals nur am Rande zu tun haben. Ich fühle mich dazu ver-
pflichtet.

*Ist das für dich ein wesentlicher Punkt für den Betriebsrat, das
soziale und private Umfeld zu kennen?*

Es ist prinzipiell egal, woher ein Kollege kommt, türkisch,
kurdisch, ehemaliges Jugoslawien oder Österreicher. Ich kenne
die meisten Familien meiner unmittelbaren Kollegen. Wir gehen
gerne spazieren oder mal auf ein Bier und so weiß ich bereits

bevor Probleme auftreten, wie ich ihm oder ihr vielleicht helfen kann. Die Zeit in der Arbeit reicht dazu aber nicht aus und die Kollegen kommen auch zu mir nach Hause, denn dort können wir auch Themen besprechen, die in der Firma nicht so einfach anzusprechen sind.

Hast du das Gefühl, dass deine türkeistämmigen Kolleginnen und Kollegen gezielt dich aufsuchen, um eventuelle Probleme zu besprechen?

Ja. Sie vertrauen mir, weil ich auch Türke bin. Speziell wenn es um wichtige Dinge geht, wie die Angst vor Kündigung. Dabei geht es besonders stark um Vertrauen, und deshalb kommen sie dann zu mir. Wichtig ist natürlich auch die Sprache. Wenn sie einen österreichischen Kollegen des Betriebsrates ansprechen, tun sie sich schwerer, die Situation genau zu erklären. Dann bin ich derjenige, der mit ihnen spricht und das dann entsprechend weiterleitet. Und das hängt schlicht und einfach damit zusammen, dass manche zu wenig gut Deutsch sprechen.

Abgesehen von der Sprache, hast du als Betriebsrat den Eindruck, dass es Unterschiede in den Bedürfnissen zwischen angestammt inländischen und türkeistämmigen Arbeitnehmerinnen und Arbeitnehmern gibt?

Es gibt Unterschiede, aber das betrifft nicht nur türkeistämmige, sondern auch andere Arbeitnehmergruppen mit Migrationshintergrund. Das hängt natürlich auch mit dem Umgang innerhalb der Abteilung und der Haltung des Vorgesetzten zusammen. Werden bestimmte Arbeitnehmer besonders behandelt, haben sie natürlich auch besondere Bedürfnisse. Man spürt schon manchmal, dass ausländische Kollegen etwas unterhalb des Ansehens sind als Österreicher, was sicher wieder mit der Sprache zu tun hat. Auch wenn mir persönlich das noch nicht konkret aufgefallen ist, so kommen doch die Kollegen zu mir und berichten davon. Man spürt es einfach.

Coca Cola hat vor ein paar Monaten einige Mitarbeiter kündigen müssen, weil es Probleme mit der Sprache gegeben hat. Was ist da geschehen und welche Lösungen habt ihr gefunden?

Einige unserer Kollegen mit Migrationshintergrund arbeiten schon zehn oder zwanzig Jahre hier im Betrieb. Die Abläufe und Aufgaben sind weitgehend automatisiert und sicher nicht schwer zu bewältigen, die wissen bereits jeden Handgriff auswendig. Schwierig wird es dann, wenn Neuerungen anstehen. Jetzt kann man natürlich über die Sprache diskutieren, aber weit mehr zählt in meinen Augen die Erfahrung und der Wille. Was bringen dem Unternehmen perfekte Deutschkenntnisse, wenn die Motivation fehlt. In der Vergangenheit war das zumindest so. Wir haben aber jetzt ein neues Computersystem bekommen, mit dem im Lagerbereich gearbeitet werden muss. Produkte sind nicht mehr geordnet zu finden, sondern ein Monitor, der am Gabelstapler befestigt ist, zeigt Art, Menge und Ort des Produktes an. Das bedeutet aber auch, dass ich ohne entsprechende Sprachkenntnisse nicht weiterkomme. In diesem Fall haben wir, wenn es möglich war, einen neuen Einsatzplatz angeboten, und einige Kollegen haben den Betrieb verlassen müssen, wobei sich das Unternehmen dabei sehr großzügig gezeigt hat. Trotzdem tut es mir im Herzen weh, wenn ich einen Kollegen verliere. Momentan sind wir deshalb auf der Suche nach Staplerfahrern. Also insofern hat sich doch einiges geändert und entsprechende Sprachkenntnisse werden in Zukunft noch wichtiger sein.

Somit ist die Sprache der zentrale Punkt und kulturelle Unterschiede sind weniger ausschlaggebend?

Bei Neueintritten in unserem Unternehmen wird aufgrund dieser Erfahrungen immer zuerst nach den Sprachkenntnissen gefragt, dann kommen die Qualifikationen und die Praxis. Wir haben gute Staplerfahrer gehabt, da war der Wille da, aber gescheitert ist es an der Sprache, das ist natürlich schade. Wir müssen Deutsch lernen!

Welchen gewerkschaftlichen Organisationsgrad habt ihr in eurem Unternehmen und unterscheidet sich die Anzahl der Mitglieder bei Österreichern und türkeistämmigen Arbeitnehmerinnen und Arbeitnehmern?

Bei den türkischen Kollegen und Kolleginnen sind wir fast vollständig, da sind alle Mitglied in der Gewerkschaft. Bei den österreichischen Kollegen sind circa 90% Mitglieder.

Hat sich die Anzahl der Mitglieder unter den türkeistämmigen Arbeitnehmern und Arbeitnehmerinnen verändert, seit du Betriebsrat bist?

Natürlich, ich kenne ja viele Kollegen auch privat, und wenn ich unter ihnen bin, sprechen wir auch über die Gewerkschaft. Wenn einige vielleicht am Anfang noch nicht beitreten wollen, bringe ich das Thema trotzdem immer wieder zur Sprache und irgendwann kann ich sie überzeugen. Wir sind ja immer zusammen, während der Arbeit und in den Pausen, dann erkläre ich ihnen, was die Gewerkschaft für uns macht. Das habe ich auch gelernt bei meiner gewerkschaftlichen Ausbildung. Ich bin zwei Jahre in die Gewerkschaftsschule gegangen und deshalb kann ich ihnen erklären, was die Gewerkschaft leistet. Dabei ist es wieder ein Vorteil, dass ich das auf Türkisch tun kann. Meine Zweisprachigkeit ist für mich klar ein Vorteil. Es ist natürlich nicht immer gleich leicht, jemanden von der Gewerkschaft zu überzeugen. Bei einem Kollegen habe ich es über ein Jahr versucht, ein wirklich schwieriger Mensch, bei dem es mir auch nicht gelungen ist. Andere wiederum kann ich selbst nach einem halben Jahr doch noch überzeugen.

Hast du unterschiedliche Argumente feststellen können, die besonders türkeistämmige Kollegen und Kolleginnen für die gewerkschaftliche Idee begeistern konnten?

Die türkischen Kollegen ins Boot zu holen ist leicht für mich, weil sie über die Gewerkschaft noch fast gar nichts wissen. Ich erkläre ihnen dann ihre Rechte und Möglichkeiten, und das ist dann ganz neu für sie. Die österreichischen Kollegen kennen sich bereits aus und gehen von sich aus zur Arbeiterkammer, wenn sie etwas brauchen. Sie haben auch oft einen privaten Rechtsschutz. Das alles macht es viel schwieriger. Die ausländischen Kollegen und Kolleginnen haben vielleicht früher auch schon Informationen erhalten, aber durch die Sprache haben sie es nicht verstanden. Die wissen nichts über die Gewerkschaft.

Hast du den Eindruck, dass sich Kollegen und Kolleginnen ausgeschlossen oder zumindest nicht direkt von der Gewerkschaft angesprochen fühlen?

Türkische Kollegen haben mir gegenüber noch nie etwas in der Richtung gesagt.

Bekommst du als Betriebsrat genug Unterstützung, um deine türkeistämmigen Kollegen und Kolleginnen zu betreuen?

Ich bekomme immer das neueste Infomaterial über Gesetze und Aktionen von der Gewerkschaft nach Hause geschickt. Ich lese auch viel aus den Zeitungen heraus, aber mehr ist immer gut.

Um konkreter zu werden: Würdest du dir wünschen, dass es bei der Gewerkschaft eine eigene Abteilung zum Thema Integration am Arbeitsplatz und die Betreuung von Arbeitnehmerinnen und Arbeitnehmern mit Migrationshintergrund gibt?

Na sicher! Das wäre sicher besser. Wir haben zwar unsere Sekretäre, die uns super betreuen und bei denen ich nur anrufen brauche und ich bekomme sofort Hilfe. Aber wenn es Spezialisten für türkische und andere ausländische Kolleginnen und Kollegen gäbe, wäre es noch besser, auf alle Fälle. Vielleicht kann ich manche Sachen nicht genau richtig ausdrücken, aber wenn dort ein türkischer Kollege sitzt, kann ich ganz locker mit ihm reden. Selbst ich verstehe manche Sachen einfach nicht, auf türkisch vielleicht schon. Das wäre gut.

Was würdest du österreichischen Betriebsratskolleginnen und -kollegen empfehlen, die keinen Betriebsrat mit Migrationshintergrund in der Körperschaft haben, um eine bestmögliche Einbindung aller Arbeitnehmer möglich zu machen?

Ich würde ihnen empfehlen, einfach so zu arbeiten, wie sie es für richtig halten. Ich unterscheide nicht zwischen Türken, Kroaten oder Kollegen aus anderen Ländern. Wichtig ist, dass dem Betriebsrat genügend Zeit zur Verfügung steht. Dann kann man auch auf die Bedürfnisse der Kollegen und Kolleginnen eingehen.

Bereitet unser Schulsystem Kinder mit Migrationshintergrund ausreichend auf die Anforderungen der Arbeitswelt vor?

Meine Kinder sind 7 und 11 Jahre und ich würde mir eine Ganztagsschule wünschen, damit die Kinder richtig vorbereitet werden. Es ist wichtig, dass die Kinder Hilfe bekommen, besonders wenn beide Elternteile arbeiten müssen. Meine Frau und ich haben keine Möglichkeit, sie bei den Hausaufgaben zu unterstützen, ich arbeite z.B. in Schichten. Meine Tochter besucht nachmittags den Hort, und wenn mein Sohn in Zukunft auch den Hort besucht, kostet uns das gesamt 550 Euro. Das sind enorme Kosten für eine Familie und auch deswegen muss meine Frau arbeiten. Gerade Familien mit Migrationshintergrund brauchen Ganztagsschulen, weil es schwer ist, den Kindern bei den Aufgaben zu helfen. Es fällt vielen Eltern selber schwer, die Hausaufgaben zu lösen, wie können sie dann ihren Kindern helfen? Ohne die Hausaufgaben gibt es wiederum schlechte Noten. Das ist problematisch und dort fängt es an, dass Kinder von Migranten später Probleme haben könnten, wenn sie erwachsen sind. Deshalb brauchen wir Ganztagsschulen.

Siehst du Unterschiede zwischen den Generationen, sagen wir der ersten Einwanderergeneration und den nachfolgenden, was ihren Zugang zum Thema Politik, Bildung und Gewerkschaften betrifft?

Nein, das glaube ich nicht. Ich bin seit 21 Jahren bei Coca Cola und am Anfang habe ich zum Beispiel wirklich nichts über die Gewerkschaft gewusst. Das ist natürlich auch immer die Aufgabe des Betriebsrates, ein Bewusstsein zu schaffen und über die Rechte zu informieren. Wir wussten nichts über Pflegefreistellung und ähnliche Sachen. Das war aber auch unsere Schuld, dass wir uns nicht informiert haben, und wir haben uns auch nicht dafür interessiert. Jetzt liegen mir natürlich diese Themen am Herzen, deshalb habe ich auch meine Ausbildung absolviert. Dafür bin ich da, um mein Wissen an die Kollegen und Kolleginnen weiterzugeben.

„Wenn dieser Krieg vorbei ist, bin ich der glücklichste Mensch auf dieser Welt"

Yildiz Can, Arbeiterin bei Siemens
Interview vom 22. März 2011

Es hat sich so ergeben, dass wir bis jetzt nur kurdische Türken zum Gespräch bitten durften. Zufall, oder sind die Kurden tendenziell gewerkschaftlich aktiver?

Sicher, vor allem auch politisch aktiver. Ich finde schon, dass auch kurdische Frauen in Wien sich mehr mit Politik beschäftigen. Das hängt sicher auch mit den Problemen in der Türkei und der Unterdrückung zusammen.

Waren Gewerkschaften in der Türkei ein Thema in deiner Familie, gab es vielleicht Kontakte?

Ich bin ja schon seit 1981 in Österreich, aber davon habe ich in unserer Familie nie etwas gehört.

Gibt es in Bezug auf die Gruppe türkeistämmiger Arbeitnehmerinnen und Arbeitnehmer, wir sprechen jetzt bewusst von „türkeistämmig", weil es verschiedene Bevölkerungsgruppen in der Türkei gibt, siehst du also besondere Bedürfnisse dieser Gruppe, auf die ein Betriebsrat oder die Gewerkschaft Rücksicht nehmen sollte?

Bei Siemens arbeiten Türken und Kurden, aber Probleme gibt es in dieser Hinsicht überhaupt nicht. Eine der Kolleginnen trägt zwar ein Kopftuch, und natürlich gibt es vereinzelte Kolleginnen und Kollegen, die das nicht richtig finden, aber mich stört so etwas überhaupt nicht. Bei den Betriebsräten ist das auch kein Thema.

Für manche Kolleginnen und Kollegen ist das Kopftuch ein Thema, war das immer schon so oder hat sich das verändert die letzten Jahre?

Früher war das Kopftuch nicht so auffällig, das kann schon mit der aktuellen Politik zusammenhängen, weil sprachlich gibt es ja keine Probleme. Aber wenn du acht Stunden am Tag im Betrieb zusammenarbeitest, ist das Kopftuch nicht unbedingt ein großes Problem.

Wie geht der Betriebsrat als Körperschaft mit dem Thema Arbeitnehmerinnen und Arbeitnehmer mit Migrationshintergrund um? Hat es für dich jemals Unterschiede gegeben?

Kleinigkeiten gibt es immer einmal. Ich arbeite bereits seit sechzehn Jahren bei Siemens, und damals wäre es für meinen Mann und mich praktisch gewesen, wenn er auch einen Job bei Siemens bekommen hätte. Unsere Schichtarbeit hätten wir gut abstimmen können, das wäre eine große Erleichterung mit unseren zukünftigen Kindern gewesen. Ich habe damals den Betriebsrat gebeten, dass er mir hilft, das war bereits vor fünfzehn Jahren, und er hat immer zu mir gesagt, es werden momentan keine Leute gesucht. Dann habe ich erfahren, dass man den Mann einer Freundin aufgenommen hat, meiner durfte nicht einmal zum Vorstellungsgespräch kommen. Dazu muss ich allerdings sagen, dass meine Freundin auch keine Österreicherin ist, also nicht von wegen Ausländerin oder so. Trotzdem hat es mich gestört. Ich habe später noch einmal gefragt, bevor mein Mann beim Flughafen zu arbeiten begonnen hat, aber da wurde mir auch nicht weitergeholfen, obwohl man immer wieder Leute eingestellt hat. Ich glaube zwar nicht, dass es etwas Persönliches war und mit dem Ausländerthema hat es auch nichts zu tun, vielleicht hing es auch mit der Qualifikation zusammen. Prinzipiell hat Siemens ja gute Betriebsräte, aber ich habe zwei Mal um Hilfe gefragt, damit ist es für mich vorbei, dafür bin ich zu stolz.

Hast du mit dem Betriebsrat noch einmal über die Sache gesprochen?

Nein, wir haben ja eigentlich gute Betriebsräte, es wird an alles gedacht. An den Frauentag wird gedacht, an den Fasching, zu Weihnachten gibt es eine Aufmerksamkeit. Ich kenne das auch anders. Ich habe vorher bei Grundig gearbeitet, dort war das damals nicht so gut organisiert.

Würde es dir persönlich gefallen, wenn im Betriebsrat auch ein türkischstämmiger Kollege oder eine Kollegin vertreten wäre?

Naja, es ist für mich wirklich egal. Aber es gibt schon Menschen, die nicht gut deutsch sprechen können, und für die wäre es natürlich ein Vorteil. Es sprechen nicht alle Ausländer gut Deutsch, auch wenn sie vielleicht schon zwanzig Jahre in Österreich leben. Bei uns gibt es zum Beispiel eine Ausländerin, die wird bei der Zuteilung der Arbeit manchmal ein bisschen von den Kolleginnen und Kollegen übervorteilt. Natürlich sage ich ihr dann, dass sie etwas sagen soll, aber es fällt ihr schwer. Sie hat eben Angst, dass sie Fragen nicht richtig beantworten kann und damit den Kollegen oder sich selbst schadet. Solche Situationen gibt es wahrscheinlich überall.

Ist Sprache im Betrieb ein Thema?

Einige der Frauen tun sich immer noch schwer mit der deutschen Sprache. Früher hatten wir im dritten Bezirk Deutsch-Kurse vom Betriebsrat angeboten bekommen. Englisch-Kurse gibt es immer noch, die werden auch von vielen in Anspruch genommen. Dabei wären Deutsch-Kurse viel wichtiger, vor allem bei den Arbeitern. Aber der Unterschied ist vielleicht, dass sich die ausländischen Arbeiter weniger trauen, die Kurse in Anspruch zu nehmen. Die machen sich halt Gedanken, was der Chef dazu sagen könnte, wenn sie für ein, zwei Stunden den Arbeitsplatz verlassen.

Jetzt stellt sich die Frage, ob es, abgesehen von der Sprache, einen Grund gibt, warum Kollegen mit Migrations-Hintergrund das Betriebsrats-Büro selten aufsuchen.

Ich habe das Gefühl, dass sie sich nicht trauen. Das hängt natürlich auch damit zusammen, dass selten noch direkt jemand im Betrieb eingestellt wird, die kommen von Leihfirmen und werden einfach zurückgeschickt, wenn keine Arbeit mehr da ist. Wir waren in den Neunzigern die letzten, die in unserem Bereich direkt eingestellt worden sind. Aber sicher frage ich mich, warum kein Ausländer im Betriebsrat ist. Es wird da aber auch kein Angebot gemacht, und einfach zum Betriebsrat zu gehen und zu sagen, dass man selber mitmachen will, das macht keiner. Ich bin selber in einem Frauenverein aktiv und habe unseren Betriebsrat, das ist schon länger her, gefragt, ob er mir helfen kann, einen PC für den Verein zu bekommen. Wir sind bei großen Festen dabei, wo 5000 Menschen teilnehmen, dort hätten wir auch Werbung machen können. Leider ist uns dabei nicht geholfen worden.

In großen Unternehmen gibt es oft ganz präzise Richtlinien, nach welchen Kriterien und in welchen Bereichen Werbung und Sponsoring stattfindet, aber vielleicht hätte es andere Möglichkeiten gegeben.

Genau, ich wollte ja keinen PC geschenkt bekommen, sondern habe einfach um Hilfe oder Ideen gebeten. Der Punkt ist, dass man es sich zweimal überlegt, jemanden um Hilfe zu bitten, wenn man das Gefühl hat, es hat keinen Sinn. Es ist ganz wichtig, dass einem vermittelt wird, dass die eigenen Probleme wichtig sind, in diesem Fall die von den Ausländern, dann würde vielleicht auch jemand sagen: okay, ich würde gerne im Betriebsrat mitmachen. Aber vielleicht gibt es da auch Mentalitäts-Unterschiede. Es wäre sicher leichter, wenn jemand fragt, ob man mitmachen möchte.

Nehmen wir einmal an, du wärst die gewählte Sprecherin der Mitarbeiter mit Migrationshintergrund bei Siemens. Was würdest du dir vom Betriebsrat in Bezug auf diese Position wünschen?

Vielleicht Deutsch-Kurse für die Kolleginnen. Und ich würde den Kolleginnen sagen, dass sie sich trauen sollen, etwas zu sagen, wenn sie etwas stört.

Neben der betrieblichen Arbeitnehmer-Vertretung steht auch noch die Gewerkschaft zur Verfügung. Kannst du beurteilen, inwieweit das Thema Gewerkschaft und Migrantinnen/Migranten aufgenommen wird?

Siemens ist sehr gut organisiert und wenn es Besprechungen gibt, sind immer viele Arbeiter dabei. Aber die Gewerkschaft an sich ist kein Thema. Ich kenne natürlich auch niemanden persönlich von der Gewerkschaft, unsere Verbindung ist nur der Betriebsrat.

Du bist mit sechs Jahren nach Österreich gekommen. Wie hast du als Kind die Integration in der Schule erlebt?

Ich konnte kein Wort Deutsch und auch kein Wort Türkisch. Meine Muttersprache ist Kurdisch, und das schlimmste daran ist, dass ich meine Muttersprache hier verloren habe. Ich habe keinen Kindergarten besucht und bin direkt in die erste Klasse gekommen. In dieser Zeit habe ich versucht, drei Sprachen auf einmal zu lernen. Damals war die Situation in der Schule anders als heute, ich weiß nicht, ob es an den Lehrern liegt, aber ich habe in der Schule kein Problem als Ausländerin gehabt. Meine Geschwister konnten alle nicht Deutsch sprechen, aber nach zwei Jahren war das kein Thema mehr. Meine Eltern tun sich heute noch schwer damit. Aber in der Schule geht das natürlich sehr schnell, wir waren auch wenig Ausländer in der Klasse. Unsere Lehrerin war sehr gut, und gelernt haben wir auch nur in der Schule. Ich kann mich nicht erinnern, dass mein Vater je mit mir gelernt hat, das ist nicht böse gemeint, ich lieb ihn über alles, aber das war eine andere Zeit. Wenn meine Tochter heute nach Hause kommt, fange ich sofort mit ihr zu lernen an und kümmere mich um sie. Das haben meine Eltern nie gemacht, das ist eine andere Generation.

Bereitest du deine Tochter in Hinblick auf die Herkunft ihrer Familie besonders vor?

Meine Tochter ist sieben Jahre alt und schon sehr gescheit für ihr Alter und sie spricht natürlich perfekt Deutsch, da gibt's keine Probleme. Genau wie mein Sohn, der ist vier und geht noch in den Kindergarten, aber auch dort gibt es Kinder, die schlecht Deutsch sprechen und ich frage mich, wer da wohl die Schuld hat? Der Kindergarten oder die Eltern? Dabei geht es da um die Zukunft der Kinder. Ich versuche meine Kinder auf die Welt, in der sie leben, vorzubereiten. Ich habe meine Tochter zum Siemens-Fest mitgenommen und ihr gezeigt, wo ich arbeite. Sie hat gefragt: Mama, ist das nicht zu schwer für dich? Wir haben uns die Siemens-City angesehen, die Küche usw., und das alles hat sie sehr interessiert und hat ihr gut gefallen. Aber um wirklich zu verstehen, wer wir sind, ist es mir wichtig, dass meine Tochter auch weiß, woher wir gekommen sind. Wir sind Menschen, die unterdrückt worden sind. Ich habe viel erlebt. Als ich fünf Jahre alt war, habe ich mit meiner Familie noch in einem kleinen Dorf in der Türkei gelebt. Einmal im Monat wurden wir von Soldaten aufgesucht, die uns verhörten und nach versteckten politischen

Feinden gesucht haben, die sie in den Bergen rings um unser Dorf vermuteten. Es gab diese kurdischen Freiheitskämpfer, und wir lebten immer mit dieser Angst. Von meinen Kindern erwarte ich, dass sie gut Deutsch sprechen und eine gute Ausbildung bekommen, aber sie müssen nicht unbedingt etwas mit Politik zu tun haben. Trotzdem spielt das auch eine Rolle, wir besuchen oft zusammen unseren kurdischen Verein, und wenn meine Tochter in der Schule auf ihre Herkunft angesprochen wird, sagt sie, dass sie eine Kurdin aus der Türkei ist. Ich hätte mir das früher nicht getraut. Alle paar Jahre fahren wir nach Kurdistan, damit die Kinder das Land kennen lernen, damit sie es akzeptieren und verstehen können. Wir waren dazwischen auch in Antalya auf Urlaub, aber auch dort hat meine Tochter immer nach unserm Dorf und der Oma gefragt. Dieser Bezug ist mir wichtig, aber noch wichtiger ist mir, dass meine Kinder einen guten Beruf haben werden und dass sie verstehen, dass man jede Chance nützen muss.

Das ist ein wesentlicher Unterschied zur ersten Generation, die für ihre Kinder noch den Plan hatten, schnell die Schule hinter sich zu bringen, um dann arbeiten zu können, um Geld zu verdienen. Wahrscheinlich auch vor dem Hintergrund, nicht lange in diesem Land zu bleiben.

Viele wollten nur Geld für einen Acker oder ein Haus verdienen und dann zurückgehen, aber sehr viele sind geblieben.

Durch solche Gespräche wird einem bewusst, wie viel Geschichte und Unterschiede selbst in der einzelnen Gruppe türkeistämmiger Arbeitnehmerinnen und Arbeitnehmer vorhanden sind. Ist es für den Betriebsrat wichtig, sich mit der persönlichen Landkarte auseinander zu setzen, um die Interessen der Arbeitnehmer optimal vertreten zu können?

Mir ist es nicht unbedingt egal, wenn ich aus Unwissenheit als Türkin angesprochen werde, aber ich kann nicht von jedem verlangen, dass er über Alewiten, Kurden und Türken Bescheid weiß. Obwohl es schon schön wäre, wenn Betriebsräte Bescheid wissen würden, wie die Völker in der Türkei verteilt sind. Mehr als das muss man nicht wissen, mehr wissen auch viele Türken nicht. Als meine Oma voriges Jahr nach Istanbul ins Krankenhaus musste, hatte die Krankenschwester türkisch mit meiner Oma gesprochen, und mein Vater hat der Schwester erklärt, dass sie Kurdin ist und deshalb nur kurdisch spricht. Die Krankenschwester war überrascht darüber. Es gibt also selbst dort ein großes Unwissen zu dem Thema.

Die Gewerkschaft setzt sich mit ihren Mitgliedern auseinander, mit den Bedürfnissen von Männern und Frauen genauso wie mit den Bedürfnissen von Arbeitnehmerinnen und Arbeitnehmern mit Migrations-Hintergrund. Es würde heute auch niemand mehr von Jugoslawen sprechen, sondern man unterscheidet zwischen Serben, Kroaten, Slowenen, usw. Natürlich ist der Fall der Türkei noch sensibler zu beurteilen, weil die inneren politischen Verhältnisse anders sind.

Ja, leider. Wenn dieser Krieg in der Türkei vorbei ist, bin ich der glücklichste Mensch auf der ganzen Welt. Zwischen den Völkern gibt es ja kein Problem, ich habe gute Freunde unter den Türken, schuld an all dem ist nur die Politik. Unsere Sprache ist z. B. immer noch verboten, obwohl 15 Millionen Kurden in der Türkei leben, insgesamt sind es ca. 30 Millionen mit Iran, Irak, Syrien ...

Eine politische Frage wäre noch interessant: Wie stehst du zum EU-Beitritt der Türkei?

Hm, ... ein großes Thema. Wenn die Politik die Menschenrechte in der Türkei ernst nimmt, warum nicht? Die Türkei ist ein wunderbares Land. Die Politik muss sich nur noch ändern, damit die Völker ohne Probleme zusammenleben können. Die Türkei muss sich zuerst um die Menschenrechte kümmern, dann steht dem EU-Beitritt nichts im Weg. Oje, jetzt haben wir mehr über Politik geredet als über den Betrieb.

Die Gewerkschaftsbewegung ist auch eine politische und besonders eine gesellschaftspolitische Bewegung. Die Kommunikation findet im Betrieb über den Betriebsrat den Weg in die Gewerkschaft zur Politik.

„Wenn ihnen eine Arbeit nicht passt, suchen sie sich eher eine neue"

Ugur Ataman, Dursun Altun, Arbeiter bei Opel
Interview vom 6. April 2011

Diese Gesprächssituation ist doppelt interessant, weil ihr erstens zwei verschiedenen Generationen angehört, und zweitens, du, Dursun, ein langjähriger Mitarbeiter bist, und du, Ugur, als Zeitarbeiter angefangen hast und fest übernommen wurdest.

Dursun, aufgrund deiner langjährigen Erfahrung interessiert es uns, welche Bedeutung die Gewerkschaft für dich hat.

Dursun: Ich sehe die Gewerkschaft als Verhandlungspartner des Arbeitnehmers, wenn neue Verträge ausverhandelt werden oder auch Schicht- oder Arbeitsmodelle ausgearbeitet werden. Die Gewerkschaft soll den Arbeitgebern auch auf die Finger schauen, damit keine ungerechte Behandlung aufkommt.

Unterscheidest du Betriebsrat und Gewerkschaft, oder ist das für dich eine Sache?

D: Man kann sagen, dass es sich um ein und das selbe paar Schuhe handelt. Der Betriebsrat ist ja auch Gewerkschafter.

Im Idealfall ja! War dein Betriebsrat der erste Kontakt zur Gewerkschaft, Opel ist ja gut organisiert, oder hattest du dich vorher schon damit auseinandergesetzt?

D: Der erste Kontakt hat eigentlich hier stattgefunden. Ich war früher in kleineren Betrieben beschäftigt, in denen es keinen Betriebsrat oder Gewerkschaften gab, man hat sich höchstens privat erkundigen können.

Ugur, du kommst ursprünglich von einem Arbeitskräfteüberlasser und bist jetzt fix angestellt bei Opel. Kannst du schon beurteilen, ob es Unterschiede in der gewerkschaftlichen Arbeit gibt?

Ugur: Ich bin 22 Jahre alt und habe damit wenig Erfahrung. Ich kann nicht genau sagen, was die Gewerkschaft oder der Betriebsrat machen.

Ist es jemals thematisiert worden, dass die Gewerkschaft einen Kollektivvertrag für überlassene Arbeitskräfte ausgearbeitet und durchgesetzt hat?

U: Ja, ich glaube, wir haben da etwas unterschrieben, aber solange ich meinen Lohn bekomme, ist mir der Betriebsrat oder die Gewerkschaft ehrlich gesagt egal. Ich habe früher bei der Post gearbeitet, und dort hat die Gewerkschaft nicht viel für die Arbeiter getan. Die Leute haben nachts gearbeitet und dafür keine Zuschläge bekommen, die Pausen wurden auch nicht bezahlt. Ich war dort fix angestellt, aber Vollzeitjobs gab es fast keine. Es wurde nur Teilzeit angeboten, so vier bis fünf Stunden für vier- bis fünfhundert Euro. Die Gewerkschaft hat da nichts machen können, obwohl es doch gesetzlich eine Nachtzulage gibt. Ich habe dort ungefähr ein Jahr gearbeitet, weil ich nach dem Zivildienst einen Job gebraucht habe.

Die Gewerkschaft versucht natürlich immer die Veränderungen im Gesetz, am Arbeitsmarkt oder in der Gesellschaft aufzunehmen und Lösungen für die Betroffenen zu finden. Gibt es für euch als türkeistämmige Arbeitnehmer Themen, die euch besonders wichtig sind?

D: Ich wüsste nicht, welchen besonderen Status türkische Migranten haben sollten. Sie haben die gleichen Bedürfnisse wie andere Arbeitnehmer. Ein Problem gibt es allerdings schon bei den türkischen Arbeitnehmern, insofern, dass sie gar nicht auf ihre Rechte pochen. Sie nehmen alles als gegeben hin. Es ist halt so, wie es ist, Sonne, Luft, Erde, verstehst du? Wenn ihnen eine Arbeit nicht passt, suchen sie sich eher eine neue Arbeit, als dass sie den Betriebsrat oder die Gewerkschaft aufsuchen. Das hängt damit zusammen, weil sie glauben, dass ein Ausländer überall ein Ausländer ist, auch bei der Gewerkschaft. Es wird davon ausgegangen, dass einem dort deshalb auch nicht zugehört wird, das kenne ich aus meiner Familie und meinem Bekanntenkreis.

Geht das auf negative Erfahrungen zurück oder handelt es sich um eine grundsätzliche Einstellung?

D: Natürlich werden Einzelne persönliche Erfahrungen gemacht haben, und die werden dann weitererzählt im Bekanntenkreis. So etwas spricht sich schnell herum und führt in Folge dazu, dass man keine Zeit mit der Gewerkschaft verschwendet und sich lieber gleich eine neue Arbeit sucht. Ich kenne eine Wiener Großbäckerei, bei der irrsinnig viele Türken beschäftigt sind, dort gehen die Arbeitnehmer ein und aus, dort ist ein ständiger Wechsel, ein Kommen und Gehen. Die Leute arbeiten einige Monate, sind dann unzufrieden und wechseln zu einer anderen Firma. Die Stelle wird sofort wieder durch einen anderen Türken besetzt, aber ändern tut sich nichts. Hier bei Opel sieht das ganz anders aus, bei uns wird keiner besser oder schlechter behandelt, egal wo er herkommt. Es mag schon sein, dass der eine oder andere mal übervorteilt wird. Wenn in einer Abteilung zum Beispiel zu wenig Arbeit ist, muss irgendjemand in die Produktion hinaus. Ich will jetzt nicht sagen, dass das eine minderwertige Arbeit ist, aber gerne wechselt niemand in die Produktion. Sehr oft ist es dann ein türkischer Mitarbeiter, der wechselt. Das hat nichts mit Ausländerfeindlichkeit zu tun, sondern hängt nur damit zusammen, dass der Türke sich nicht wehrt. Das ist angenehmer für den Meister, weil es keine Diskussionen und

Konflikte gibt. Ich persönlich bin aber davon nicht betroffen, bei mir war es sogar umgekehrt, für mich hat sich die Situation verbessert.

Kannst du dir vorstellen, warum sich die Kollegen nicht wehren?

D: Erstens aus dem Bewusstsein heraus, ein Ausländer zu sein, zweitens hat er Angst, die Stelle zu verlieren und davor, eine Arbeit machen zu müssen, die noch schlechter ist.

Kann die Gewerkschaft etwas tun, um dieser inneren Haltung etwas entgegen zu setzen?

U: Es gibt da nichts Großartiges, was die Gewerkschaft tun könnte. Viele Türken haben einfach Angst, ihre Arbeit zu verlieren und gehen deshalb auch nicht zum Betriebsrat.

Würde ein Betriebsrat, der selber Migrationshintergrund hat, helfen, eine Vertrauensbasis aufzubauen?

D: Ich habe den Eindruck und lese das in den Gewerkschaftszeitungen, dass sich zu wenige Arbeitnehmer mit Migrationshintergrund als Betriebsrat aufstellen lassen. Die Arbeitnehmer mit Migrationshintergrund werden aber in letzter Zeit wieder mehr, auch durch die Leiharbeiter. Deshalb wäre das wichtig, solche Leute im Betriebsrat zu haben, auch den türkischen Arbeitnehmern eine Bestätigung zu geben, dass die Entscheidungen objektiv sind und sie beteiligt sind.

U: Man würde sich beim Gespräch auch wohler fühlen. Das hat auch ein bisschen mit der Mentalität zu tun. Speziell bei den Älteren, so wie mein Vater, die denken anders. Ich habe kein Problem damit, offen zu reden, aber bei den Älteren gibt es doch Unterschiede. Mein Vater ist seit 25 Jahren im selben Betrieb und hat dort 20 Jahre lang die gleiche Arbeit gemacht. Dann wurde er versetzt. Das hat ihm psychisch zu schaffen gemacht. Er hat sich Gedanken gemacht, wie er das schaffen würde, es wurde ihm kein Grund für die Versetzung genannt. Ein Gewerkschafter mit türkischem Migrationshintergrund würde seine Arbeit nicht besser machen als ein Österreicher, aber er würde besser ankommen. Das wäre ein Schritt in die Richtung, dass es leichter wäre, miteinander zu reden.

Ihr sprecht beide sehr gut Deutsch. Wie wichtig ist die Sprache im Kontakt mit dem Betriebsrat oder der Gewerkschaft?

D: Die Sprache sollte kein großes Problem sein, denn wenn ein Türke zum Beispiel Schwierigkeiten mit Deutsch hat, kann er ja einen Kollegen fragen, ob er ihm dabei hilft. Also die Sprachbarriere ist sicher kein Grund dafür, dass türkische Arbeitnehmer nicht zu ihrem Recht kommen könnten. Ich persönlich halte auch nichts davon, dass Unterlagen der Gewerkschaft in die türkische Sprache übersetzt werden. Ich habe einmal von der Arbeiterkammer Unterlagen auf Türkisch zugesendet bekommen, da habe ich mich schon gewundert, ich finde das unnötig. Wenn ich mich recht erinnere, war das eine Wahlinformation. Da sollte schon unterschieden werden, ob jemand schon Jahrzehnte im Land ist oder gerade erst zugewandert ist.

Die Gewerkschaftsbewegung agiert in Österreich im Rahmen der Sozialpartnerschaft sehr strukturiert. Auf europäischer und internationaler Ebene ist die Bewegung natürlich vielschichtiger und auch weniger greifbar. Ein jüngster Erfolg, der staatenübergreifende Effekte mit sich bringt, ist der Fall UPS. Letztes Jahr organisierte die Internationale Transportarbeiterföderation einen globalen Solidaritätstag mit den UPS-Beschäftigten in der Türkei. Es gab Solidaritätsaktionen in Asien, Ozeanien und Europa, die den türkischen Kollegen bei der Durchsetzung ihrer Forderungen halfen. Die Gewerkschaftsbewegung in der Türkei hat jedoch immer noch eine sehr kontroverse Stellung. Welche Bedeutung hat das für euch und beobachtet ihr das?

D: Ich beobachte das nicht und es spielt für mich auch keine Rolle. Die Gewerkschaftsbewegung in der Türkei kann man mit der österreichischen auch nicht vergleichen. Auch in meinem Bekanntenkreis ist das kein Thema. Für den Betriebsrat im Betrieb ist das auch nicht wichtig, eher noch wichtiger wäre, dass er sich mit der Mentalität auseinandersetzt.

Wie könnte so ein Mentalitätsunterschied ausschauen?

D: Der österreichische Arbeitnehmer ist viel gelassener. Der türkische Arbeitnehmer ist irgendwie, naja, verklemmter. Weil er kein Einheimischer ist.

U: Ich gehöre zur nächsten Generation und betrachte das anders. Meine Generation sieht auch vieles gelassener, da sehe ich keinen Unterschied. Das hängt nur vom Charakter ab. Bevor ich lange verhandle oder mich aufrege, suche ich mir halt eine andere Firma. Aber vielleicht beschäftige ich mich mit dem Thema Gewerkschaften, wenn ich älter bin und weiter denken kann und Verantwortung auf mich nehmen kann.

Habt ihr noch Anregungen, die uns, den Betriebsrätinnen und Betriebsräten oder Gewerkschaftssekretärinnen und -sekretären, bei unserer Arbeit helfen könnten?

D: Ich hatte schon vor langer Zeit mit meinem Vater einen Termin bei der Gewerkschaft. Das muss ungefähr zehn Jahre her sein und dabei ging es um die Nachrechnung der Abfertigung meines Vaters. Ihm wurde nach fast zwanzig Jahren gekündigt und ich habe ihn in die Gewerkschaft begleitet, um seine Endabrechnung nachrechnen zu lassen. Der Kollege dort hat das mit seinem Taschenrechner in fünf Minuten erledigt, und ich dachte mir: das kann es doch nicht sein! Er hat nur kurz gemeint, es wäre in Ordnung und der Fall ist erledigt. Mein Vater war über zwanzig Jahre Gewerkschaftsmitglied und es ärgert mich heute noch, dass er dort in fünf Minuten abgefertigt wurde. Der Punkt ist auch nicht, wie viel Zeit so eine Nachrechnung in Anspruch nimmt, sondern dass es ganz wichtig ist, dass man das Gefühl vermittelt bekommt, ernst genommen zu werden. Egal ob Türke oder Nicht-Türke, man will mit seinem Anliegen ernst genommen werden.

„In den Gewerkschaften bestimmen die Betriebsräte und die Fraktionen die politische Linie"

Nicholas Hauser, Mitarbeiter der GPA-djp und Betreuer der IG work@migration
Interview vom 25. März 2011

In Bezug auf die türkeistämmigen Arbeitnehmerinnen und Arbeitnehmer verfolgen wir zwei Linien. Die erste auf gewerkschaftlicher Ebene und die zweite auf der Ebene der innerbetrieblichen Betriebsratsarbeit. Gibt es aus deiner Sicht irgendwelche Versäumnisse in der Vergangenheit oder Dinge, die man unmittelbar machen müsste, um diese Gruppe in einer eigenen Art und Weise anzusprechen?

Wie ihr wisst, war es bis vor zwei Jahren nicht möglich in Österreich, als letztes Land in der EU, als nicht EWR-Bürger in den Betriebsrat gewählt zu werden. Die Gesetzeslage musste vor zwei Jahren durch einige EU-Gerichtshofurteile geändert werden. Das heißt, es war in den österreichischen Gewerkschaften im normalen Delegationsprinzip nicht möglich, als Nicht-EWR-Bürger mit Sitz- und Stimmrecht in den Gewerkschaften vertreten zu sein. Ein großer Teil der Arbeitnehmerinnen und Arbeitnehmer hatte keine Möglichkeit, aufgrund seiner Herkunft und seiner Staatsbürgerschaft auf gewerkschaftlicher Ebene mitzureden, weil nur Österreicher und EWR-Bürger Betriebsrätin oder Betriebsrat werden konnten. Die Türkei hatte durch Assoziationsabkommen mit der EU etwas früher das

Recht dazu bekommen. Trotzdem durften auch Türkinnen und Türken über Jahre hindurch vom passiven Wahlrecht nicht Gebrauch machen. Der ÖGB hat vor 10-12 Jahren einen Prozess mit Mümtaz Karakurt, einem NGO-Mitarbeiter in Linz, geführt. Er hatte sich bei der Betriebsratswahl aufstellen lassen und ist auch gewählt worden. Da er aber noch die türkische Staatsbürgerschaft besessen hatte, durfte er nicht kandidieren. Mümtaz Karakurt hat auf eigene Initiative eine Klage eingebracht. Die Klage ging durch alle Instanzen und schlussendlich hatte auch der OGH die Kandidatur auf Grund der türkischen Staatsbürgerschaft abgelehnt. Der ÖGB hat die Klage weiter finanziert und es ging zum EUGH, der das Anliegen in die österreichische Verantwortung zurückverwiesen hat. Daraufhin ging es zur EU-Menschenrechtskommission. Die Menschenrechtskommission hat damals Österreich verurteilt. Dieses Urteil hatte die einzige Auswirkung, dass Österreich innerhalb von 90 Tagen das Urteil veröffentlichen musste. Die Bundesrepublik Deutschland hat bereits vor 35 Jahren das passive Wahlrecht für alle eingeführt. In Österreich kam es erst vor zwei Jahren, aber erst durch die Klage eines Betroffenen, dazu. Soviel zu den Versäumnissen. Die damalige GPA hatte die Interessensgemeinschaft work@ migration gegründet. Migrantinnen und Migranten sind zwar über verschiedene Branchen verteilt, aber die Gemeinsamkeit ist der Migrationshintergrund. Die ursprüngliche Überlegung war, dass wie in der IT-Branche, wo Arbeitnehmer branchenübergreifend tätig sind, die Identität durch die erledigte Arbeit entsteht. Im IT-Bereich sind die Mitarbeiter quer über die Branchen verteilt, wie z.B. in Banken, Verlagen oder in der Industrie. Ihre gemeinsame Identität ist aber die IT-Tätigkeit. Aus diesem Grund hat die GPA damals die work@migration Interessensgemeinschaft gegründet. Dort können sich die Mitglieder aussuchen, wohin sie sich eintragen, und das alles auf freiwilliger Basis. Die Kriterien dabei können sein, wovon sie sich angesprochen fühlen oder was für sie sinnvoll erscheint. Die Mitglieder, die nicht einmal Betriebsräte sein müssen, es reicht eine GPA-djp-Mitgliedschaft, können direkt aus ihrer Mitte Vertreterinnen und Vertreter in die höchsten Gremien der GPA-djp wählen. Das erwähne ich aus dem Grund, weil es aufgrund dieses Strukturelements möglich war, eine Interessensgemeinschaft für Migrantinnen und Migranten zu gründen. Sie konnten zwar nicht in den Betriebsrat gewählt werden, aber durch ihre Mitgliedschaft in der Interessensgemeinschaft konnten sie sich als Vertreter in die Gremien der GPA-djp wählen lassen. Solche Plattformen waren damals und sind auch jetzt noch im ÖGB einzigartig. Die Haltung der österreichischen Gewerkschaften lässt sich für die Vergangenheit mit der Einstellung zusammenfassen: „Wir schützen unsere Leute". Diese „Mir-san-mir-Mentalität" widerspricht meiner Meinung nach der gewerkschaftlichen Idee. Welche Herkunft die Arbeitnehmerinnen und Arbeitnehmer haben und welche Staatsbürgerschaft sie besitzen, ist irrelevant. Sie sind Arbeitnehmer, und deswegen sollten sie in Gewerkschaften vertreten sein.

Die GPA-djp hat das Thema eigenständig aufgegriffen, ich nehme an, es gab intern Diskussionen darüber. Weißt du, wie das von anderen aufgenommen worden ist? Aus welchen Gründen haben andere Teilgewerkschaften diese Idee nicht aufgegriffen?

Nun, die GPA ist eine eigenständige Gewerkschaft. Die GPA hat diese Strukturreform gemacht. Warum es in den anderen Gewerkschaften noch nicht durchgegriffen hat, ist eine spannende Frage. Die frühere HGPD, die jetzige VIDA, hatte damals, so weit ich mich erinnern kann, eine Mitgliederquote von Migrantinnen und Migranten von circa 30%. Rudi Kaske von der VIDA ist auch heute noch einer der engagiertesten Gewerkschafter zu dem Thema. Beim Fremdenrecht ist er an die Öffentlichkeit gegangen und hat mit einer Presseaussendung den Gesetzesentwurf zum neuen Fremdenrecht kritisiert. In der VIDA passiert sehr viel, sie waren auch die erste Teilgewerkschaft, die eine türkeistämmige Kollegin als Rechtsschützerin eingestellt hat. Ich kann aber nur spekulieren, wieso die Idee der GPA in den anderen Gewerkschaften keinen Anklang gefunden hat. Eine Hypothese wäre, dass viele Betriebsräte Angst haben, dass die Kollegen mit Migrationshintergrund sie vielleicht abwählen würden. Es gibt viele Betriebe, in denen der Anteil der Migrantinnen und Migranten sehr hoch ist. Ich glaube, da spielen auch Umbruchängste mit. Und innerhalb der Gewerkschaften sind es eben die Betriebsräte und die Fraktionen, die die politische Linie bestimmen. Es ist auch erwähnenswert, dass bei den Angestellten der Anteil der Menschen mit Migrationshintergrund wesentlich niedriger ist als unter den Arbeitern in Österreich. Das ist ein sehr weites Feld, das wiederum die Frage aufwirft, warum noch immer, auch in der dritten Generation, die meisten Migrantinnen und Migranten noch immer Arbeiter sind. Hier gilt es, nachzufragen, wie es um die Bildungs- und Karrieremöglichkeiten von Menschen mit Migrationshintergrund aussieht.

Warum nimmt der ÖGB diese Ideen von den Teilgewerkschaften nicht stärker auf und führt sie als Dachverein weiter?

Heute ist es vielleicht der Fall. Heuer hat der ÖGB zum Beispiel als Schwerpunkt das Thema Integration. Da müsst ihr aber den ÖGB fragen, warum es nicht stärker der Fall ist.

Es ist bereits einige Zeit seit der Gründung der work@migration Interessensgemeinschaft vergangen. Hast du beobachten können, dass die Angst vor Machtverlust seitens der inländischen Betriebsräte real war? Hat sich hier etwas verändert?

Im Angestelltenbereich nicht. Wie schon erwähnt sind in diesem Bereich zu wenig Menschen mit Migrationshintergrund beschäftigt. Deshalb hat sich insofern nichts verändert. Anders im Industriebereich, wo teilweise 60% der Arbeiterinnen und Arbeiter Migrationshintergrund haben, aber für die Arbeitergewerkschaften kann ich nicht reden.

Im Moment reden wir praktisch über die gesamte Gruppe von Menschen mit Migrationshintergrund. Haben sich im Rahmen

der Arbeit mit der IG work@migration auch Spezifika heraus-
gebildet? Haben sich spezielle Bedürfnisse herauskristallisiert,
die türkeistämmige Arbeitnehmergruppen von anderen unter-
scheiden?

Ja, das Interessante war, dass, als sich die IG work@migra-
tion gebildet hat, die ersten Vertreter, die gewählt wurden, zum
Großteil aus der Türkei kamen. Nach meinen Erfahrungen sind
die Türkinnen und Türken die politisch interessiertesten Arbeitnehmer in Österreich. Bei den Einwanderern aus Ex-Jugo-
slawien ist es so, dass sie sich nicht als Migranten fühlen und
auch nicht als solche angesehen werden wollen. Die Gründe
dafür wären interessant zu untersuchen. Die ersten, die sich in
die Interessensgemeinschaft eingebracht haben, waren sehr
stark die Arbeitnehmer aus der Türkei. Eines der Haupanliegen
war damals, das passive Wahlrecht für alle Nationen zu erreichen. Der ganze Themenkomplex und die Integrationsdebatte,
die mich persönlich mittlerweile nervt, war auch so ein Spezi-
fikum, das sich herausgebildet hatte. In der jetzigen Integrationsdebatte schaut es so aus, dass davon ausgegangen wird,
dass sich eine Seite an etwas anpassen muss. Die ganze Leit-
kulturdebatte ist eine sehr heikle Angelegenheit. Integration ist
nicht, wie viele es verstehen, eine einseitige Sache, es betrifft
beide Seiten. Ich persönlich erwarte von niemandem, dass er
sich integriert.

Integration ist also ein beidseitiger Prozess, sonst handelt es
sich eher um Assimilation?

Eine Abgrenzung gibt es sehr wohl. Integration ist ein Prozess, bei dem zwei Seiten geben. Beide Seiten müssen sich anei-
nander anpassen. Hier stellt sich die Frage, was ich bereit bin,
für diesen Prozess zu tun? Was ich noch immer merke ist, dass
türkeistämmige Menschen als Bürger zweiter Klasse wahrgenommen werden. In Österreich gibt es nach wie vor in vielen
Bereichen Diskriminierung, dieses Gefühl ist noch immer sehr
stark verankert.

Hast du das Gefühl, dass es dieses Zweiklassendenken auch bei Gewerkschaftsmitgliedern gibt?

Ich würde sagen, dass die Gruppe der Migrantinnen und Migranten innerhalb der Gewerkschaft keine vorrangige Gruppe war. Auch hier ist wie gesagt diese „Mir-san-mir"-Mentalität verankert. Mittlerweile sind viele politische Akteure draufgekommen, dass das eine demographisch wachsende Gruppe ist, die auch mittlerweile die Staatsbürgerschaft besitzt und auch bei Wahlen aktiv ist und die man nicht mehr vernachlässigen kann. Inwieweit etwas aus Menschlichkeit passiert oder ob etwas aus politischem Kalkül praktiziert wird, ist eine spannende Frage.

Politisches oder wirtschaftliches Kalkül?

„Kein Motiv ist rein", sagte Platon. Prinzipiell war es früher keine präferierte Zielgruppe. Es gab zum Beispiel oft Aussagen von Betriebsräten, dass die verschiedenen ethnischen Gruppen im Betrieb untereinander zu viel streiten. Ich würde sagen, die Gleichberechtigung ist noch immer nicht da.

Du hast davon gesprochen, dass die türkeistämmigen Arbeitnehmerinnen und Arbeitnehmer schneller und aktiver waren. Würdest du es auf eine stärkere Politisierung zurückführen? Kann man diese Politisierung auf die Auseinandersetzungen in der Türkei, zwischen Kurden und Türken, zurückführen oder hängt das vielleicht mit der gewerkschaftlichen Positionierung in der Türkei zusammen?

Ich bin kein Türkeiexperte. Aber ich habe den Eindruck, dass die türkeistämmigen Gruppen aktiver sind, aus welchem Grund auch immer. Speziell im Bereich der Vereinstätigkeiten im Vergleich zu anderen Communities. Diese Vereine sind auch politisch sehr aktiv. Dabei spielt der politische Aspekt stärker mit als bei anderen Gruppen. Das ist es, was ich erlebe.

Ist es für Arbeitnehmervertreter notwendig, über die politischen oder die kulturellen Hintergründe in der Türkei Bescheid zu wissen, um überhaupt die Bedürfnisse zu verstehen?

Ich glaube schon. Wenn jemand in der Türkei in ein Haus einzieht, wird erwartet, dass der neue Mieter von den Nachbarn willkommen geheißen wird, in Österreich ist es genau umgekehrt. Der neue Mieter lädt ein oder stellt sich bei den Nachbarn persönlich vor. Ein Österreicher hält den neuen Nachbarn für einen arroganten Kerl, weil der sich nicht vorstellt, und ein Türke denkt sich, dass er nicht willkommen ist. Wenn man solche Mentalitätsunterschiede nicht kennt, entstehen Missverständnisse. Andere Bedürfnisse sind, wie schon erwähnt, das passive Betriebsratswahlrecht. Genauso wie die verpflichtende Frauenquote müssen auch Menschen mit Migrationshintergrund vertreten sein, um sichtbarer in der Gewerkschaft zu werden und ihre Anliegen besser einbringen zu können. Es gibt weitere Anliegen, die Palette reicht vom Staatsbürgerschaftsrecht bis zu Nostrifikationen der im Ausland erworbenen Ausbildungen. Österreich praktiziert beim Staatsbürgerschaftsrecht noch immer das aus dem Germanischen stammende „Blutrecht". Demnach muss man österreichischer Abstammung sein, um die Staatsbürgerschaft zu bekommen. Ansonsten kann man sie ab einem Aufenthalt von zehn Jahren beantragen. Während in vielen europäischen Ländern das „ius soli" praktiziert wird, das heißt, dass einer, der im Land geboren ist, die Staatsbürgerschaft sofort bekommt. Meiner Meinung nach sollte es in der EU kein Problem darstellen, wenn ein im Land geborenes Kind auch die Staatsbürgerschaft bekommt. In der Gewerkschaft gibt es spannende Diskussionen darüber, in denen auch Argumente wie das mit den im Flugzeug geborenen Kindern fallen. Ich weiß nicht, wie viele Kinder so auf die Welt kommen, aber es hält sich sicher in Grenzen. An solchen Gegenargumenten merkt man aber, dass die Liebe noch nicht wirklich ausgebrochen ist. Ein weiterer Themenkomplex wäre das Fremdenrecht. Die Gewerkschaften waren nicht ganz unbeteiligt bei der Erstellung des Fremdenrecht- und Aufenthaltsgesetzes. Ein wichtiges Beispiel dafür ist: „Ohne Aufenthalt keine Beschäftigungsbewilligung, ohne Beschäftigung keine Aufenthaltserlaubnis". Da läuft man nur im Kreis herum und kennt sich nicht aus. Insofern ist die Rot-Weiß-Rot-Karte auch für die österreichischen Gewerkschaften ein Quantensprung, auch wenn ich die in vielen Punkten noch immer kritisieren würde. Historisch betrachtet ist dies ein sehr großer Schritt für die Gewerkschaften.

Du hast jetzt Themen angesprochen, die auf der staatspolitischen Ebene stattfinden. Die Gewerkschaft ist natürlich ein politischer Akteur, der auch Einfluss nehmen kann. Der Einfluss hat aber auch Grenzen. Haben Gruppen mit Migrationshintergrund selbst Wünsche oder Bedürfnisse geäußert?

Die Quote für Migrantinnen und Migranten wäre ein Bespiel dafür. Dabei geht es um mehr Mitbestimmung in den Gewerkschaften. Ich finde, dass es auch sehr sinnvoll wäre, denn die Migranten erleben die Gewerkschaft als ausschließlich österreichisch. Sie erkennen sich nicht wieder in den Gewerkschaften, weil keine Repräsentanten vorhanden sind. Dadurch sind auch keine Identifikationsmöglichkeiten für sie gegeben. Ich habe auch einen Migrationshintergrund, aber einen westlichen. In Österreich gibt es ein West-Ost-Gefälle, was die positive Einstellung gegenüber Migranten betrifft. Je westlicher, desto willkommener sind sie. Je östlicher, desto schlimmer oder krimineller sind sie und somit auch unbeliebter. Das ist aber nichts Neues. Karl Kraus hat um 1900 in der „Fackel" geschrieben, dass ein betrunkener Engländer in einer Wiener Bar bemerkt hat, wie glücklich der Osten ist, wenn der Westen besoffen ist. Das ist sehr interessant zu beobachten.

Macht es für Arbeitnehmerinnen und Arbeitnehmer mit Migrationshintergrund einen Unterschied, von wem sie vertreten werden? Ist es für einen Serben wichtig, dass er von einem Serben, für eine Türkin wichtig, dass sie von einer Türkin vertreten wird, oder genügt es, überhaupt von einer Person mit Migrationshintergrund vertreten zu werden?

Natürlich spielt es eine Rolle. Was mich sehr verblüfft, ist, dass jene, die in Österreich diskriminiert werden, sich zum Teil auch untereinander diskriminieren. Es gibt auch eine Rangordnung unter Migrantinnen und Migranten. Vielleicht ist das mit der Küchenpsychologie logisch erklärbar, weil man da ja noch jemanden hat, der noch weiter unten in der „Skala" angesiedelt ist. Ich sitze in der Gleichbehandlungskommission, Senat Zwei, der sich um Diskriminierung wegen ethnischen Gründen kümmert. Es gibt den Weg zum Arbeits- und Sozialgericht und es gibt die Möglichkeit, bei einer Diskriminierung aufgrund der Herkunft, sexueller Orientierung und so weiter die Gleichbehandlungskommission einzuschalten. Es wenden sich Arbeitnehmerinnen und Arbeitnehmer hin, die gekündigt, gemobbt werden und so weiter. Falls Betriebsräte in den Betrieben vorhanden sind, werden auch sie als Zeugen vorgeladen und befragt. Da orte ich schon eine mangelnde Sensibilisierung. Die Gewerkschafter werden immer angegriffen, dass sie so rassistisch oder nicht zeitgemäß sind. Aus diesem Grund sollte auch die Gesellschaftspolitik für die Gewerkschaften wichtig sein. Die Gewerkschaft ist ein Querschnitt der österreichischen Bevölkerung. Es gibt Angestellte, Bauarbeiter oder Forscher in Seibersdorf, die in den Gewerkschaften vertreten sind. Dadurch spiegeln sich auch Haltungen aus der österreichischen Gesellschaft in den Gewerkschaften wieder. Natürlich gibt es auch die Eigendynamik der Gewerkschaften. Wir haben nicht die Mentalität, dass wir progressive neue Entwürfe entwickeln, es geht sehr um das Bewahren und den Machtkampf. Im Betrieb spürt man es auch auf gesellschaftspolitischer Ebene. Mittlerweile sind die Leute schon sehr vorsichtig geworden und diskriminieren nicht mehr persönlich, was aber nicht heißen soll, dass solche Fälle nicht mehr vorkommen. Ich hatte in der Gleichbehandlungskommission einen Fall, einen Arbeitnehmer, der als Neger, als Abschaum und so weiter beschimpft wurde. Für Betriebsrätinnen und Betriebsräte ist es nicht ganz so leicht, sich zu positionieren, weil sie sehr leicht in Teufels Küche geraten könnten. Die Gruppe der Indigenen könnte sehr leicht behaupten, dass sie sich nur mehr um die Anliegen der Ausländer kümmern. Für die Migrantinnen und Migranten geht es sehr stark um Wahrnehmung, Wertschätzung und Partizipation. Zusätzliche arbeitsrechtliche Beratungen seitens der Gewerkschaft sind nicht so sehr erwünscht, aber muttersprachliche Unterstützung während der Beratungen würde sehr gut ankommen. Teilweise ist ein Bedarf vorhanden. Die arbeitsrechtlichen Begriffe sind für uns schon schwierig genug, für Migrantinnen und Migranten stellt es eine noch größere Hürde dar.

Stellen wir uns einen Fall vor. Ein Betriebsrat kommt zu dir und meint, dass er in seinem Betrieb einen hohen Anteil an Migrantinnen und Migranten hat, und er braucht Hilfe, um die Kolleginnen und Kollegen einander näher zu bringen. Was würdest du ihm empfehlen?

Es wäre schön, dazu angefragt oder darauf angeredet zu werden. Solche Fälle gibt es nicht allzuviele. Die work@migration wird über die Betriebsräte leider nicht verbreitet. Es herrscht die Haltung, die Migrantinnen und Migranten in ihrer IG, in ihrer Ecke zu lassen. Unsere Folder werden seitens der Betriebsräte nicht an die Mitarbeiterinnen und Mitarbeiter verteilt. Auf die Idee, mit solchen Fragen zu uns zu kommen, sind bis jetzt kaum welche gekommen. Wir sind auch mit der VERDI in Deutschland in Kontakt. Die VERDI hat schon seit fast 35 Jahren eigene Anlaufstellen und Abteilungen für Migrantinnen und Migranten. Die Anzahl der Betriebsräte mit Migrationshintergrund ist dort um vieles höher als bei uns. Sie haben ähnliche Erfahrungen gemacht wie wir. Wenn sie mit Betriebsräten Betriebsvereinbarungen zur Verhinderung von Diskriminierung machen wollen, wird seitens der Betriebsräte und auch der Geschäftsführung behauptet, dass solche Fälle bei ihnen nicht existent seien und aus diesem Grund es auch nicht notwendig ist, eine eigene BV zu machen. Sie waren erst dann dazu bereit, als ihnen seitens der VERDI aktuelle Fälle von Diskriminierungen vorgelegt wurden. Was wir ihnen anbieten können, sind einerseits Seminare, die wir in Modulen anbieten. Im ersten Modul geht es darum, Diskriminierung näher zu definieren und ihre Formen näher aufzuzeigen. Wie zum Beispiel Diskriminierung nach Geschlecht,

Herkunft, Alter und so weiter. Im zweiten Modul geht es darum, wie der Umgang damit im Idealfall sein sollte, also wie geht man mit Diskriminierung auf gesellschaftlich-psychologischer Ebene um und was kann man dagegen tun. Auf der rechtlichen Ebene geht es dann darum, wie man Betriebsvereinbarungen zur Verhinderung von Diskriminierung machen kann. Andererseits können wir ihnen Diversity Management und wie man es im Betrieb verwirklicht anbieten. Die Erfahrung zeigt aber, dass trotz des Angebots solche Vorschläge bei Betriebsräten nicht besonders gut ankommen. Da ich aber keine direkte Betriebsarbeit mache, kann ich nicht viel dazu sagen. Ich weiß nur vom Kollegen Mehmet und seinen negativen Erfahrungen.

Du hast erwähnt, dass die Gewerkschaft bis zu einem gewissen Punkt ein Querschnitt und Abbild der Gesellschaft sei. Wir brauchen uns nur die öffentlichen Diskussionen, die Wahlergebnisse anzuschauen oder ins Wirtshaus zu setzen. Dann kann man einen richtigen Eindruck davon bekommen, wie die Meinungen hier sind. Gehen wir so weit und behaupten, dass solche Meinungen auch innerhalb der Gewerkschaften vorhanden sind. Es gibt vielleicht Menschen, die in gleichen Mustern denken und es, aus welchem Grund auch immer, nicht zugeben. Was müsste deiner Meinung nach innerhalb der Gewerkschaft passieren, damit ein Umdenken stattfinden kann? Was könnte die Gewerkschaft tun, damit sie eine Vorreiterrolle in der Integrationsdebatte einnehmen und auch ihren Beitrag zur Integration leisten kann?

Es gibt Veranstaltungen, in denen die Meinungen nicht öffentlich kundgetan werden. Wenn man sich aber danach im Wirtshaus oder in einem Kaffeehaus zusammensetzt, kann man die eigentliche Meinung darüber hören. Aus eigener Erfahrung, diese Meinungen sind nicht besonders gut anzuhören. Erst im Wirtshaus oder Kaffeehaus kommen die eigentlichen Wuchteln und die Meinungen ans Licht. Vor Publikum, Experten, aber auch vor Politikerinnen und Politikern, die sich mit Integration beschäftigen, stehen die Leute nicht so gern auf und sagen ihre wahren Meinungen. Ich glaube, dass man mit Begegnungen viel erreichen kann. Beim Bundesforum der GPA-djp hatten wir als work@migration einige Anträge eingebracht. Unsere Mitglieder gehen zum Rednerpult und tragen diese Anträge vor beziehungsweise bringen sie ein. Außerdem werden die Anträge auch vor den Delegierten begründet und die Gründe für die Annahme der Anträge vorgetragen. Eine Kollegin von uns, die ursprünglich aus Kamerun stammt, ist im Dirndl aufgetreten und hat einen unserer Anträge in einer witzigen Art und Weise vorgelesen. Den Kollegen Wolfgang Katzian hat sie dann angeschaut und gesagt: „Warum wir den Antrag annehmen sollten, lieber Wolfgang? Weil wir die Guten sind." Ein anderes Beispiel ist Kollege Aydın Sarı, Betriebsratsvorsitzender vom Café Schwarzenberg, der mit seinem typischen Aussehen wie ein Wiener Ober, mit dem entsprechenden Schnauzer, raus geht ans Rednerpult. Solche Begegnungen bauen Vorurteile ab und tragen sehr viel zum Verständnis bei.

Wie schafft man diese Begegnungen?

Einerseits wie in der GPA-djp, durch die Ermöglichung, in die Gremien hinein gewählt zu werden und auf diese Weise mit anderen Delegierten in Interaktion treten zu können. Außerdem würden mehr hauptamtliche Mitarbeiterinnen und Mitarbeiter mit Migrationshintergrund in den Gewerkschaften auch viel zu solchen Begegnungen beitragen. Somit könnten auch Mitglieder, die von einem Migranten beraten werden, ihre positiven Erfahrungen machen. Es würde viel dazu beitragen, die in der Gesellschaft herrschenden negativen Vorurteile abzubauen. Somit hätte auch die Gewerkschaft einen Teil ihres Beitrags zur Integration gemacht. Im Moment passiert doch einiges. Im ORF, der im europäischen Vergleich weit hinterher hinkt, sind mittlerweile auch Ansagerinnen oder Ansager mit Migrationshintergrund vorhanden. Da ich einige Zeit lang die Journalistinnen und Journalisten betreut habe, kann ich von einigen Beispielen von Diskriminierungen in der Branche berichten. Eine Journalistin mit Migrationshintergrund, die alle möglichen Ausbildungen im

ORF abgeschlossen hatte, ist trotzdem, wegen ihrer Herkunft, nicht aufgenommen worden. Bei „Heimat Fremde Heimat" durfte sie aber doch noch ansagen, da hat sie dann hineingepasst.

Möchtest du uns noch etwas mit auf den Weg geben?

Setzt euch dafür ein! Lassen wir die Humanität beiseite und schauen uns es rein organisationspolitisch an. Es geht um die Zukunft der Gewerkschaften. Das können wir sehen, wenn wir uns die demographische Entwicklung anschauen. Die Geburtenrate liegt bei 1,2 Kindern pro Kopf, die Bevölkerung ist im sinken. Das heißt, gesellschaftspolitisch brauchen wir den Zuzug wegen der Pensionen. Wenn wir den Zuzug nicht zulassen, wie es einige Politiker gerne hätten, wird das Pensionssystem kippen, danach auch das Sozialsystem. In 25 Jahren sind 55% der Wiener über 60, wer finanziert dann das System? Auch gewerkschaftsorganisationspolitisch ist das eine große Arbeitnehmerinnen- und Arbeitnehmergruppe, die nicht übersehen werden kann und auch nicht sollte. Wir kennen alle die Entwicklungen bei den Mitgliederzahlen. Der ÖGB hatte 1986 den Höchststand bei den Mitgliederzahlen, seitdem geht es aber stetig bergab. Schon rein aus organisationspolitischen Gründen brauchen wir die Migrantinnen und Migranten. Wir leben in einer Welt, die zusammengewachsen ist. Auch in der Islamdebatte werden Bilder verbreitet, die überhaupt nicht wahr sind, es geht um Macht- und Interessensspiele in der Politik. Mein Zugang als Gewerkschafter ist, dass ich Arbeitnehmervertreter bin und für mich spielt die Form des Hutes, die Farbe der Haut oder wo jemand seine Gebete verrichtet keine Rolle. Die Diskrepanz ist noch immer Kapital gegen Arbeit, und dann lassen wir uns auch noch auseinander dividieren. Wir hauen auf die unteren hin und die oben reiben sich die Hände und freuen sich, dass sie den einen gegen den anderen ausspielen können.

Heißt das auch, dass wir uns dem gesellschaftspolitischen Auftrag stärken stellen müssen?

Der Unterschied zwischen Österreich und anderen europäischen Ländern ist, wenn Fälle auftauchen, wie zum Beispiel Seibane Wague, der von Polizisten im Stadtpark erstickt wurde, dass es hier keine Kultur mit Meinungsbildnern gibt, die auftreten und sagen: „Das darf nicht sein". Auch bei den Zahlen über die Einwanderung, die vermittelt werden, wird auf die Wahrheit keine Rücksicht genommen. Es wandern circa 40.000 Menschen jährlich nach Österreich ein, wovon 20.000 aus den EU-Ländern stammen. Rein rechtlich können wir da nicht mal nein sagen, weil es gegen den Europäischen Grundsatz sprechen würde. Wenn wir uns die Demographie anschauen, sehen wir, dass wir Migration brauchen, um überleben zu können.

„Wenn man diese Arbeitnehmerinnen und Arbeitnehmer nicht jetzt verteidigt, wann dann?"

Aydın Sarı, Betriebsratsvorsitzender im Café Schwarzenberg
Interview vom 12. April 2011

2010 und 2011 hat der ÖGB den Schwerpunkt Migration und Integration. Kannst du bitte dich uns vorstellen und deinen Zugang zur ArbeitnehmerInnenbewegung schildern?

Ich bin 36 Jahre alt und lebe seit 31 Jahren in Österreich beziehungsweise in Wien. Ich habe meine ganze schulische Ausbildung, Volks- und Hauptschule und danach die Lehre hier abgeschlossen. Während der Lehrzeit habe ich den ersten Kontakt zur Gewerkschaft gehabt und seitdem auch nicht mehr abgebrochen. Die damalige HGPD, die Fachgewerkschaft Hotel, Gastgewerbe und Persönliche Dienste, hatte einen Jugendklub, durch den der Kontakt aufgebaut wurde. In diesem Klub konnten die Jugendlichen in diversen Kursen zusammenkommen, um die praktischen und theoretischen Arbeiten zu wiederholen. Weiters haben wir uns auch in gewerkschaftlichen Themen weitergebildet. Es gab auch regelmäßige Themenabende und Spiele wie Wutzler, Diskoabende usw. Das war der erste Kontakt zur Gewerkschaft, und so bin auch ich Mitglied geworden. Durch die Zusammenarbeit mit der Gewerkschaft konnten wir an meinem damaligen Arbeitsplatz einen Jugendvertrauensrat gründen, dadurch sind wir so richtig in die Gewerkschaftsarbeit hineingekommen.

War das in dem Klub eine gemischte Gruppe?

Die Gewerkschaft hatte der Gruppe die Räumlichkeiten zur Verfügung gestellt und auch kleine Buffets bereitgestellt. In diesen Räumlichkeiten fanden unsere Treffen statt und wir konnten dort auch Feste usw. organisieren. Ich habe nie nachgedacht, ob die Gruppe gemischt war oder nicht, wir waren alle Jugendliche und Lehrlinge. Damals habe ich nicht gespürt, wie die Gruppenkonstellation ist und keinen Bedarf danach gehabt. Jetzt, als du gefragt hast, habe ich angefangen, darüber nachzudenken. Wenn ich jetzt darüber nachdenke, kann ich sagen, dass ich nicht das Gefühl hatte, von woanders zu sein.

Wie gingen deine Aktivitäten in der Gewerkschaft danach weiter?

Nach der Lehre habe ich einige andere Jobs außerhalb der Gastronomie gehabt, aber mit einem Fuß war ich immer in der Gewerkschaft dabei. Nach einigen Jahren bin ich wieder in der Gastronomie gelandet, wo ich nach wie vor auch arbeite.

Ich habe immer wieder mit den Kollegen geredet und versucht, sie für die Arbeitnehmerinnen- und Arbeitnehmerbewegung zu gewinnen und auch innerbetrieblich für Betriebsratsarbeiten zu motivieren. Das war immer schon ein Anliegen von mir.

Wie hast du die Gewerkschaft als Aydın Sarı erlebt, wie sind deine Erfahrungen?

Ich habe zwei Arten von Erfahrungen. Die eine ist als Arbeitnehmer, wo es keine Nationalitäten gibt, und die andere ist, dass du als Migrant an bestimmten Prozessen nicht teilnehmen kannst. Nicht weil sprachliche Barrieren vorhanden sind, sondern weil es gesetzlich jahrelang nicht erlaubt war, als Betriebsrat zu kandidieren. Ich finde es schade, dass es bis zum EUGH gehen musste, damit sich die gesetzliche Situation ändert. In der Wirtschaftskammer war das so nicht der Fall. Es widerspricht der Gewerkschaftsideologie, dass hier die Arbeiterinnen und Arbeiter von ihrem Recht nicht Gebrauch machen konnten. Als Arbeitnehmer ist es so, wenn ich etwas gebraucht habe und ich mich artikulieren konnte, ist auf meine Bedürfnisse eingegangen worden. Es gibt aber auch Arbeitnehmerinnen und Arbeitnehmer, die sich nicht so artikulieren können. Zum Glück gibt es Gewerkschaftsmitarbeiterinnen und -mitarbeiter, die einige Sprachen sprechen und an die man sich wenden kann. Die muttersprachliche Beratung ist in dem Fall sehr wichtig.

Bedarf es deiner Meinung nach eines eigenen Zugangs zu Migrantinnen und Migranten? Braucht diese Arbeitnehmergruppe eine eigene Form der Ansprache?

Bei der Demonstration für die Frauenrechte am 19. März ist mir aufgefallen, dass die Frauen und die Migrantinnen und Migranten etwas gemeinsam haben: beide Gruppen sind benachteiligt. Die Migrantinnen und Migranten werden nicht akzeptiert, weil sie dazugekommen, weil sie eingewandert sind. Die Frauen sind später als die Männer auf den Arbeitsmarkt dazugestoßen, somit sind auch sie Dazugekommene. Es ist ein Machtkampf, in dem es um die Errungenschaften über Jahrhunderte geht. Die Eingesessenen wollten von ihren Errungenschaften nichts abgeben. Wobei es aber nicht um das Abtreten von Errungenschaften geht, was falsch verstanden wird. Aus diesem Grund ist es wichtig, dass man bestimmte Gruppen positiv diskriminiert, so am Beispiel der Frauen innerhalb der Gewerkschaft. Ich bin der Meinung, dass man auch Migrantinnen und Migranten positiv diskriminieren sollte. Das soll aber nicht heißen, dass Migrantinnen und Migranten ihren Rechten und Pflichten nicht nachkommen sollen. Das sie dies tun, ist sicherlich selbstverständlich. Es könnte z.B. eine eigene Abteilung im ÖGB und in den Teilgewerkschaften eingerichtet werden, wie es in Deutschland schon seit Jahrzehnten der Fall ist. Es ist auch wichtig, dass zwischen Abteilungen in den Gewerkschaften eine Kooperation und Koordinierung stattfindet. Ich sehe jetzt schon positive Entwicklungen diesbezüglich, die Kontakte zu diesem Thema könnten sich zwischen den Gewerkschaften aber besser organisieren. Durch das gemeinsame Agieren würde etwas Einmaliges in der Gewerkschaftsgeschichte passieren. Durch die Zusammenarbeit und das Thema könnten Brücken gebaut werden, was wiederum der Gewerkschaft nutzen würde. Die Zeiten werden immer härter, deshalb sollten wir uns als Arbeitnehmerinnen und Arbeitnehmer nicht gegeneinander ausspielen lassen.

Du hast die Rechte und Pflichten der Migrantinnen und Migranten angesprochen. Wie ist das Verhältnis von Rechten und Pflichten bei Migrantinnen und Migranten?

Ich finde, dass wir unseren Rechten und Pflichten nachkommen müssen und sollen. Das ist ein ganz normaler Prozess, ein Mensch muss, egal wo er lebt, seinen Rechten und Pflichten nachkommen. Das wird immer wieder unterstrichen, so als würden wir Migrantinnen und Migranten dies nicht tun, was aber nicht der Fall ist. Wir gehen unseren Pflichten sehr wohl nach, haben aber nicht die dementsprechenden Rechte. Jeder, der hier in Österreich lebt, sollte seinen Rechten auch nachkommen können ohne irgendwelche gesetzlichen Auflagen und Schikanen. Hier ist die Gewerkschaft sehr gefordert. Z.B. bei der letzten Novelle zum Fremdenrecht. Menschen, die sich schon seit 20 Jahren legal im Land aufhalten, durch ihre Arbeit und die Abgabe von Steuern ihren Beitrag zum Wohlstand des Landes auch geleistet haben, können, wenn sie die Arbeit verloren haben, von einem Tag auf den nächsten abgeschoben werden. In solchen Fällen ist die Gewerkschaft gefragt. Möglicherweise sind die Menschen auch jahrelang Mitglieder des ÖGB. Wenn man diese Arbeitnehmerinnen und Arbeitnehmer nicht jetzt verteidigen kann, wann dann?

Bedeutet das, dass die Gewerkschaft in solchen Fällen nicht aktiv genug ist?

Um aktiv sein zu können, muss man verstehen, was hier wirklich gemacht wird. Ich habe mit vielen Sekretärinnen und Sekretären gesprochen, die haben aber das Problem zu sehr herunter gebrochen. Meiner Meinung nach ist die Gewerkschaft sehr träge geworden. Diese Trägheit führt zum Beispiel zu Aussagen, in denen behauptet wird, dass Österreich ein Rechtsstaat ist. Was ich auch verstehe, aber wenn solche Gesetze Gültigkeit erlangen, ist es schon zu spät. Da kann man nicht mehr viel tun. Es sollte vorher dagegen agiert werden. Es geht um Familien, die auseinander gerissen und Existenzen, die vernichtet werden. Dann ist es schon zu spät. Das sollte für die Verantwortlichen schon vorher absehbar sein und sie sollten dagegen agieren. Bei rot über die Strasse zu gehen ist auch schon ein Abschiebungsgrund. Die Gewerkschaft sollte bei solchen Fällen stärker dagegen auftreten, weil auch wir Migrantinnen und Migranten ein Teil der Arbeitnehmerinnen- und Arbeitnehmerbewegung sind.

Wie könnte man die Gewerkschaft dazu bewegen, in solchen Fällen aktiver zu werden?

Vorhin habe ich erwähnt, dass das passive Wahlrecht zustande gekommen ist, weil es über den Europäischen Menschenrechtsgerichtshof ging. Damit will ich auch sagen, dass es von oben kommen muss, damit etwas zustande kommt. Durch politische Bildungsarbeit kann einiges erreicht werden. Ich will es noch einmal sagen, wir sitzen alle im gleichen Boot.

Wäre für Migrantinnen und Migranten ein Sekretär mit Migrationshintergrund ein leichterer beziehungsweise angenehmer Zugang? Würde das bei ihnen „besser" ankommen?

Kann, aber muss nicht sein, es sollte sich auch einiges am Verständnis ändern. So lange sich nichts ändert, wird sich nichts bewegen, und es ist momentan eine Struktur, die sich sehr schwer bewegt. Die Frage ist, wie ich mit dieser Thematik umgehe und ob ich den Mut habe, für Arbeitnehmerinnen und Arbeitnehmer etwas auf die Beine zu stellen. Für mich ist relevant, wie der Zugang zu mir hier ist, dabei spielt es keine Rolle, ob ich von einem Menschen mit oder ohne Migrationshintergrund angesprochen werde. Die Gedanken für seine Tätigkeit sind für mich wichtiger als seine Abstammung oder Herkunft. Wenn die Klasseneinheit gegeben ist, ist der Rest nebensächlich. Es müsste ein Umdenken stattfinden. Es hat ein Prozess durch die work@migration der GPA-djp begonnen, jetzt auch durch die Initiative und dem beschlossenen Immigrationsjahr der vida. Ich finde, dass viel früher mit solchen Initiativen hätte gestartet werden sollen. Fast 30% der Wählerinnen und Wähler in diesem Land wählen faschistoide Gedanken. Man hätte durch gezielte Arbeit mit den Betriebsrätinnen und Betriebsräten und den Hauptamtlichen etwas dagegen unternehmen können. Das Endprodukt, das wir jetzt vor uns haben, wäre nicht zustande gekommen.

Sind Initiativen wie die IG work@migration eine Hilfe für Migrantinnen und Migranten, um sich besser artikulieren zu können?

Solche Initiativen sind für Migrantinnen und Migranten erstens eine Möglichkeit, sich in der Gewerkschaft zu verankern. Auf der anderen Seite ist es für die Gewerkschaft eine Möglichkeit, um an die Migrantinnen und Migranten heranzukommen. Für beide Seiten ist es sehr wichtig, über solche Möglichkeiten auch Politik für das eigene Anliegen zu machen. Aus diesem Grund ist es sehr wichtig, dass es solche Plattformen gibt, egal wie sie genannt werden. Ich finde es nur nicht in Ordnung, dass die Bezeichnung dafür Englisch ist. Wenn man behauptet, dass Migrantinnen und Migranten nicht der deutschen Sprache mächtig sind, dann sollte man auch Deutsch verwenden und nicht Englisch. Das negiert aber nicht die Wichtigkeit der Plattform. Solche Initiativen und auch die Unterstützung dafür sollten verstärkt werden. Es wird seit einigen Jahren sehr heftig über Integration geredet und diskutiert. Es ist aber niemand von den Gewerkschaften auf die Idee gekommen, die work@migration-Mitglieder zu fragen, was sie darüber denken. Ich glaube, dass es sehr wichtig wäre, wenn eine Sitzung stattfinden würde, wo wir unsere Meinung darüber den Führungsebenen mitteilen könnten. Vielleicht hätte dies dazu geführt, dass in der Integrationsdebatte sich einiges weiterbewegt hätte. Die Beteiligung von Migrantinnen und Migranten in Gremien, die Integration oder Migration als Thema haben, wäre nur von Vorteil. Einfach aus dem Grund, weil sie die Betroffenen sind, über die geredet wird, und sie einen anderen Zugang dazu haben. Wir Migrantinnen und Migranten wollen eigentlich keine Fremden mehr sein, werden aber immer wieder durch politische Diskussionen und so weiter in dieses Eck gestellt. Wir sind Menschen, die hier arbeiten und nur eine andere Herkunft haben. Das ist ganz normal, so ist es auch auf der ganzen Welt. Es gibt Menschen, die dazugekommen sind, und welche, die vorher da waren. Es gibt vielfältige Gründe für das Einwandern nach Österreich, bei einigen ist es die Arbeit, bei anderen die Familienzusammenführung, bei anderen wiederum Kriege. Kriege, die mit Waffen und Kriegsausstattung aus Europa und den USA geführt werden. Eigentlich tragen auch diese Länder, die Waffen exportieren, dazu bei, dass Einwanderung in Österreich stattfindet. Viele von den Migrantinnen und Migranten sind nach Österreich geholt worden, das wird auch vergessen. Meine Eltern sind durch das Anwerbebüro in der Türkei nach Österreich geholt worden, weil ein Bedarf an Arbeitskräften bestanden hat und auch nach wie vor in einigen Branchen besteht. In diesen Anwerbebüros in der Türkei und in Jugoslawien sind die potenziellen Arbeitskräfte für den österreichischen Mark genauestens kontrolliert worden. Man hat ihnen in die Augen, in den Mund, auf die Zähne und so weiter geschaut, um herauszufinden, ob sie gesund sind und den Ansprüchen entsprechen. Auf solchen Wegen sind wir hierher gekommen. Es ging darum, ob wir der Wirtschaft nützen können oder nicht. Die Sprachkenntnisse oder ob wir Lesen und Schreiben können waren damals keine Bedingung, weil es belanglos war. Jetzt wird von diesen gleichen Menschen erwartet, dass sie die Sprache beherrschen. Das finde ich schamlos. Es war keine Zeit da, um Sprachkurse zu besuchen, weil die Leute einfach nur gearbeitet haben und keine Zeit für etwas anderes hatten. Das war, was von ihnen verlangt wurde. Nach 30

Jahren wirft man diesen Menschen vor, dass sie die Sprache nicht gelernt haben. Leider reichte das Erlernen der Sprache bei dieser Generation nur für den Arbeitsplatz aus. Hier wäre es angebracht, das Unrecht, dass diesen Menschen angetan wird, auch zu kritisieren. Das einzige, was passiert, ist, dass weiterhin auf sie eingedroschen wird. Kritisieren ja, aber kein Unrecht zugeben.

Wäre es für dich, oder allgemein für Migrantinnen und Migranten, besser, wenn dein Sekretär mehr Wissen über dein Land oder deine Mentalität hätte?

Es ist sehr wichtig, in diesem Fall für die Sekretäre, zu wissen, mit wem sie es zu tun haben. Wenn ich als Tischler mit Holz arbeite, werde ich auch wissen, welches Holz das ist. Welche Eigenschaften das Holz hat, ob es weiches Holz ist oder doch nicht, wie es gepflegt gehört und so weiter. Genau so ist es auch mit den Menschen. Je mehr er oder sie über den Menschen weiß, desto leichter kann er oder sie auf sie eingehen und auch besser organisieren. So sind Menschen mit Migrationshintergrund auch viel leichter zu gewinnen.

„Wenn ich weiß, dass ich Recht habe, ist es mir egal, ob ich mit der Gewerkschaft oder alleine kämpfe"

Gülbeyaz Altun, Betriebsrätin bei der Post
Interview vom 27. April 2011

Gül, bist du in Österreich geboren?

Ja, ich bin hier geboren und aufgewachsen. Meine Großeltern sind in den Sechzigern nach Österreich gekommen, mein Papa kam 1971 und ein Jahr später meine Mama. Danach bin ich hier auf die Welt gekommen.

Wir versuchen herauszufinden, ob Leute, die aus der Türkei stammen, an ihrem Arbeitsplatz in Österreich eine besondere Ansprache benötigen oder besondere Bedürfnisse haben.

Naja, sie sind halt sehr scheu und trauen sich gar nicht, zur Gewerkschaft zu gehen. In meiner Abteilung sind mehrere Türkinnen, und wenn es einmal Probleme gegeben hat, haben sie geschwiegen, weil sie Angst gehabt haben. Erst als ich wieder aus der Karenz zurückgekommen bin, haben wir gesagt: „So, jetzt geht`s los!" Auch als ich noch nicht Gewerkschafterin war, habe ich die Probleme selber erledigt. Ich habe die Dinge angesprochen, ich ging vom Gruppenleiter über den Produktionsleiter bis zum Zentrumsleiter, bis es eine Lösung gegeben hat. Ich lasse mir nichts gefallen, deshalb bin ich Gewerkschafterin geworden.

Du hast die Angst deiner Kolleginnen angesprochen, wovor haben sie Angst?

Probleme und selbst Kleinigkeiten werden untereinander ausgemacht und erledigt. Sicher hängt das auch mit der Angst zusammen, dass sie ihren Arbeitsplatz verlieren, und davor, dem Vorgesetzten, der ja höher in ihrer Sicht ist, negativ aufzufallen. Ich weiß nicht, ob es mit der Kultur zusammenhängt, aber aus eigener Erfahrung weiß ich, dass, wenn jemand von den Ausländern in ein Büro kommt, sie oft gebeugt und scheu sind. Vielleicht aus Respekt oder wegen der Obrigkeit, aber das sehe ich generell bei den Ausländern, die der deutschen Sprache nicht so mächtig sind. Die halten sich zurück, ob das jetzt Türken oder andere Nationen sind, ist dabei egal, sie wollen ja keine Probleme machen und ihre Arbeit erledigen.

Die meisten deiner Kolleginnen sind Frauen und die Gruppenleiter, nehme ich an, sind Männer?

Ja, zu 99% sind das Männer, aber das ist nicht der Grund, sondern die Zurückhaltung vor der Respektsperson. Mir ist das egal, ich kämpfe, wenn es um etwas geht.

Was ist deine Motivation, auch mit Hilfe der Gewerkschaft zu kämpfen?

Das ist meine persönliche Einstellung, da ich ja sowieso immer da war, wenn es ein Problem gegeben hat. Ich war immer eine Kämpfernatur und habe mich beweisen müssen. Wenn ich weiß, dass ich Recht habe, ist es mir egal, ob ich mit der Gewerkschaft oder alleine kämpfe. Bei meinen früheren Jobs beim Billa oder Spar als Stellvertreterin oder Filialleiterin habe ich immer kämpfen müssen, weil du es als Frau sowieso immer schwerer hast. Ich habe mich behaupten müssen gegenüber den Betriebsbetreuern. Ich glaube, dass das eine Charaktersache ist. Ich bin nicht streng erzogen worden. Aber natürlich hat sich meine Mutter Sorgen gemacht, als ich Betriebsrätin wurde. Sie hat mich immer gefragt, warum ich mir das antue, weil ich ja auch noch drei Kinder habe. Ich habe ihr erklärt, dass ich das gerne mache und es mich erfüllt, wenn ich anderen Menschen helfen kann. Es gibt auch genug Türkinnen, die nicht so gut Deutsch sprechen und mit denen habe ich früher schon die Gespräche mit den Vorgesetzten oder der Personalabteilung geführt. Da hab ich mir gedacht, mit der Gewerkschaft kann ich noch mehr bewegen. Hier im Betrieb hat man den Eindruck, dass man als Mensch nicht wahrgenommen wird, da ist man nur eine Zahl. Das ist halt die Sicht der Manager und als Frau und Türkin hast du es schon schwer. Aber wichtig ist auch, dass mich mein Mann unterstützt.

Welche Rolle spielt denn die Sprache im Betrieb?

Manche Kolleginnen tun sich schon schwer, in der Pause miteinander zu plaudern. Sie arbeiten zwar miteinander, weil jede ihren Aufgabenbereich kennt und weiß, was sie zu tun hat, aber in den Pausen sieht man halt die Chinesinnen zusammen, die Philippininnen und die Türkinnen, alle sind nur unter sich. Das ist klar, weil sie nicht richtig miteinander kommunizieren können. Dann haben wir auch ältere Damen, die bereits seit zwanzig, dreißig Jahren bei der Post arbeiten und plötzlich mit einer Türkin mit Kopftuch zusammenarbeiten, das ist schon schwierig. Manche äußern sich auch ganz offen und schimpfen gegen die Türken, obwohl ich daneben stehe. Dann frage ich schon: „Hallo?! Ich bin auch Türkin!" So etwas tut mir weh. Wir haben viele verschiedene Ausländer in der Firma, aber geschimpft wird immer über die Türken.

Glaubst du, dass die Türkinnen und Türken eine Sonderstellung in der Ausländerdiskussion haben?

Es geht meistens um das Kopftuch. Da frage ich mich schon, wo wir leben. Jeder kann doch seinen Glauben leben wie er will. Wenn andere Leute halb nackt herumlaufen, sagt niemand etwas, aber beim Kopftuch heißt es gleich, jemand spricht nicht Deutsch und ist nicht integriert. Was ist, wenn ich morgen mit einem Kopftuch in die Arbeit komme? Bin ich dann weniger integriert? Ich bin hier aufgewachsen, meine Kinder gehen in die Schule, sie können nicht einmal richtig Türkisch, okay, das ist ein bisschen traurig.

Das Kopftuch hat natürlich eine kulturelle Bedeutung, ist aber auch ein religiöses Symbol. Welche Rolle spielt die Religion in der Belegschaft, auch in Bezug auf beispielsweise Weihnachtsfeiern?

Wir haben Weihnachtsfeiern, aber da nehmen natürlich nicht alle teil. Vorvoriges Jahr habe ich einige Türkinnen mitgenommen. Sie sind aber nur mitgekommen, weil ich auch hingegangen bin. Alleine wären sie nicht gekommen. Das liegt nicht daran, weil es ein Weihnachtsfest ist, sondern das hat unterschiedliche Gründe. Manche haben niemanden, der auf die Kinder aufpasst, einige haben einfach kein Interesse, und anderen würde es der Mann nicht erlauben. Aber bei den Österreicherinnen gibt es auch einige Frauen, die ihren Mann um Erlaubnis fragen müssten. Es nehmen aber sehr wenige Türken an der Weihnachtsfeier teil, letztes Jahr war ich die einzige Türkin in unserer Abteilung, das hat aber nichts mit religiösen Gründen zu tun. Manche verstehen sich mit ihren Arbeitskollegen nicht so gut, was sollen sie dann auf der Feier?

Die Zugehörigkeit zu einer Religion kann sich auf ein Papier beschränken, es gibt aber auch Menschen, die sind aufgrund ihrer tatsächlichen Überzeugung gläubig. Gewisse Dinge sind auch mit der Glaubensausübung verbunden, sei's der Feiertag, das Gebet oder Ramadan. Wie geht man als Betriebsrat mit solchen Themen um?

Ich persönlich faste nicht, aber manche Kollegen schon. Die Arbeit muss natürlich erledigt werden. Weihnachten hat es einmal Würstchen gegeben, da habe ich darauf hingewiesen, dass wir keine Würstchen mit Schweinefleisch essen. Darauf wurde jahrelang keine Rücksicht genommen. Der Produktionsleiter ist dann extra noch einmal losgefahren und hat Putenwürstchen besorgt und bei den nächsten Feiern war es dann selbstverständlich. Auch an den Feiertagen, nach dem Ramadan oder dem Schlachtfest bekommen die Kollegen frei. Wenn sie Urlaub beantragen, klappt das ohne Probleme. Wir hatten sogar einen Herren, der Vollzeit beschäftigt war und fünf Mal täglich hinter den Maschinen gebetet hat. Vom Unternehmen gibt es keine Probleme, im Gegenteil, wir hatten letztes Jahr ein Fest der Kulturen, auch mit der Gewerkschaft, gerade weil wir so viele Nationen haben. Die Teilnahme war damals unter den Asiaten sehr groß, Türken waren weniger als erwartet und Inländer waren auch nicht so viele dabei.

Du bist ja die dritte Generation und offensichtlich vollständig integriert, wie wirst du von deinen Kolleginnen und Kollegen wahrgenommen?

Zu 90 Prozent sehr gut, und der Rest ist, wenn er mich kennenlernt, immer sehr überrascht darüber, dass ich Türkin bin. Von Türkinnen erwarten viele, dass sie ein Kopftuch tragen und zwei Meter hinter den Männern gehen. Natürlich sage ich dann, dass es viele Türkinnen wie mich gibt, wir gehen fort, haben Spaß und quatschen viel! Das heißt jetzt aber nicht, dass Türkinnen, die ein Kopftuch tragen, weniger integriert wären. Aber immer wenn es um die Integration von Migranten geht, dreht es sich erstens um Türken und zweitens um das Kopftuch. Ich frage mich schon, was das eine mit dem anderen zu tun hat. Im Betrieb wird natürlich auch darüber gesprochen, da lästern manche schon über das Kopftuch. Ich habe das auch bei mir bemerkt, als ich Gewerkschafterin geworden bin, ich habe da richtig die Blicke auf mir gespürt, da ich dem Rollenbild eben nicht entsprochen habe.

Hat es konkrete Situationen in der Gewerkschaft gegeben, bei denen du eine Ablehnung aufgrund deines türkischen Hintergrundes bemerkt hast?

Nein, von der Gewerkschaft werde ich herzlich aufgenommen. Bei den Gewerkschaftskollegen ist das insofern anders, als dass das alle soziale Menschen sind. Menschen mit Charakter. Ich bin auch noch ganz neu dabei, wirklich aktiv war ich bis jetzt nur im Wahlkampf.

Wie bist du in den Betriebsrat und in die Gewerkschaft gekommen?

Ich habe gehört, dass sie jemanden suchen, der Migrationshintergrund hat, und deswegen habe ich mit unserem Vorsitzenden gesprochen. Damals habe ich aber gewusst, dass ich noch ein Kind will, aber nach der Karenz bin ich hingegangen und habe gesagt: „So, jetzt bin ich soweit"! Sie haben also gezielt jemanden gesucht, der sich um diese Gruppe kümmert. Damals war ich noch in der Kleinbriefanlage, wo sehr viele Türkinnen und Teilzeitkräfte gearbeitet haben. Die Betriebsratkollegen haben gesehen, dass ich etwas bewege und ich auch keine Angst habe, meine Meinung zu sagen. Da war es mir auch egal, ob ich rausgeschmissen werde, oder so.

Welche Rolle spielt die Gewerkschaft für deine Kolleginnen und Kollegen im Betrieb?

Die Kolleginnen holen sich bei mir die Informationen ab, die sie brauchen. Das war aber bevor ich Betriebsrätin wurde auch schon so, da war ich die Anführerin bei den Türkinnen. Ansonsten gehen alle Ausländer auch gerne zu unserem Vorsitzenden, den lieben sie wirklich, weil er ein sozialer Mensch mit einer wunderbaren Ausstrahlung ist. Sie nennen ihn immer Chef und er sagt dann, dass er kein Chef ist, aber das ist nur ihre Art, Respekt zu zeigen. Da geht es um Wertschätzung.

Gibt es Unterschiede zwischen den Generationen der türkei-stämmigen Kolleginnen und Kollegen im Umgang mit dir als Betriebsrat?

Die ältere Generation hat sicher eine andere Einstellung, was ihr Bild von mir als Türkin betrifft. Aber ich habe ein Tattoo und ein Piercing, ich kann auch mal mit Männern auf einen Kaffee gehen und bin trotzdem eine Türkin. Ich mache auch mal alleine Urlaub, das alles ist für die ältere Generation schon ein Schock. Bei mir, der dritten Generation, spielt das keine Rolle mehr. Wir sind hier geboren und aufgewachsen.

Bedeutet das, dass sich auch kulturelle Unterschiede mit fort-schreitenden Generationen auflösen?

Auf jeden Fall. Für mich war es damals nicht ganz leicht, zwischen den Kulturen aufzuwachsen. Zuhause war ich Türkin und bei den Freunden und Kollegen war es anders. Das war schwierig, weil man nicht wusste, wo man hingehört. Wir waren in der Türkei genauso Ausländer wie in Österreich. Bei meinen Kindern schaut das schon ganz anders aus. Auch weil ich nicht wie meine Eltern weiterlebe. Ich nehme das Leben so, wie es ist.

Was hat dich dahingehend geprägt? Gab es Rollen-Vorbilder oder woher nimmst du dieses Selbstverständnis?

Ich lebe halt hier, ... und ich weiß auch nicht. Viele Türken nehmen sich sehr zurück. Ich weiß nicht warum, wieso, weswe-gen? Es heißt dann, dass wir Türken unter uns bleiben sollen. Aber es geht doch um ein Miteinander.

Bist du österreichische Staatsbürgerin oder türkische?

Ich habe die österreichische.

Du bezeichnest dich trotzdem als Türkin. Ist das eine Zuschreibung oder ein Teil deines eigenen Verständnisses?

Beides. Am Papier bin ich Österreicherin, aber innerlich? Die Menschen drängen dich auch in eine Richtung. Auch wegen dem Aussehen. Und wenn ich in eine Richtung gedrängt werde und mir ein Stempel aufgedrückt wird und Türken in der Diskussion angegriffen werden, na dann kämpf ich halt! Ich habe das am eigenen Leib erlebt, als ich meinen Sohn für die Schule angemeldet habe. Wir haben uns im 22. Bezirk bei einem sehr guten Gymnasium vorgestellt. Die Dame dort hat uns gesehen und sofort gemeint, dass sie nicht sicher ist, ob für uns ein Platz frei ist. Ich habe gefragt, was das zu bedeuten hat. Sie hat uns an eine andere Schule verwiesen, wohin die ganzen Ausländerkinder abgeschoben werden. Ich hab sofort gesagt, dass das nicht in Frage kommt und nach einer Diskussion mit der Direktorin wurde er aufgenommen.

Ist ein hoher Anteil an Kindern mit Migrationshintergrund ein Qualitätskriterium für eine Schule?

Ich ärgere mich darüber, dass die Regierung es zulässt, dass Kinder getrennt werden. Ich möchte nicht, dass meine Kinder in eine Schule gehen, in der es nur Ausländer gibt. Ich habe das Gefühl, dass sie da nicht genug gefördert werden. Das fängt schon im Kindergarten an, dass viele Kinder kein Wort Deutsch sprechen, weil die Tanten auch überfordert sind und die Kinder sich selbst überlassen. Ich frage mich wirklich, wie es möglich ist, dass in manchen Schulen 90 Prozent Ausländer sind, und in anderen nur 5 Prozent. Daran ist die Regierung schuld! Das ist eine Frechheit, weil die Kinder darunter leiden!

Du hast im Rahmen deiner Funktion als Betriebsrätin bereits Ausbildungen genossen. Wurden solche Themen dabei berücksichtigt? Stichwort Diversity, Integration am Arbeitsplatz, Bildungspolitik und so weiter?

Ich habe die ersten beiden Grundkurse besucht und vor kurzem noch ein Seminar in Bad Ischl, aber diese Themen waren nicht dabei.

Was müsste die Gewerkschaft oder der Betriebsrat tun, um diese große Gruppe an Menschen mit Migrationshintergrund besser anzusprechen?

Wenn die Leute etwas brauchen, werden sie schon hundertprozentig unterstützt. Aber man muss sich auch um den Einzelnen kümmern. Man muss auf die Leute zugehen und ihnen Aufmerksamkeit schenken. Dabei geht es um Kommunikation und ein Gefühl von Geborgenheit. Und man muss erreichbar und sichtbar sein. Das fällt mir am meisten auf, wenn ich in der Früh meine Runden drehe und alle Kolleginnen begrüße, die Philippininnen oder die Chinesinnen oder wen auch immer. Ein Lächeln und ein „Guten Morgen" reichen da aus, die winken und grüßen schon von weitem.

Siehst du dich primär in dieser Rolle, die unterschiedlichen Nationalitäten anzusprechen? Reicht es in deinem Fall, als Frau mit türkischem Migrationshintergrund, dass sich alle Kolleginnen verschiedenster Nationen angesprochen fühlen?

Ja, weißt du warum? Einfach weil ich auch eine Ausländerin bin. Das ist eine Tatsache, so einfach ist es wirklich.

Ganz provokant gefragt: Habt ihr auch Mitarbeiterinnen mit deutschem Migrationshintergrund? Man neigt zu Pauschalisierungen, wenn man von „Ausländern" spricht, aber mir geht es um die Frage, ob wir in diesem Fall von Ausländergruppen sprechen, die auch optisch als solche erkennbar sind. Interessant wäre, ob wir von einer imaginären kulturellen Barriere sprechen?

Klar erkennt man die Deutschen auch an der Sprache, aber die Optik spielt eine wesentliche Rolle. Es ist egal, wer du bist und ob du zum Beispiel einen Ingenieur- oder Magister-Titel hast. Wenn sie dich sehen, bist du sofort abgestempelt. Es ist immer das Gleiche: Ausländer, Türken, Kopftuch, Integration... Die Menschen müssen sich ändern.

Würde der Beitritt der Türkei zur EU etwas ändern?

Puh, ... ich persönlich möchte das nicht. Ganz einfach weil es die Türkei nicht nötig hat, um den Beitritt zu betteln. Außerdem gibt es zu viele offene Fragen.

Danksagung

Die Autoren bedanken sich bei folgenden Personen für ihre Unterstützung:

Gülbeyaz Altun, Aydın Sarı, Yücel Eser, Hasan Tanyeli, Dursun Altun, Ugur Ataman, Azem Olcay, Yildiz Can und Nicholas Hauser für ihre persönlichen Worte, die uns erhellt und berührt haben. Die behilflichen Betriebsrätinnen und Betriebsräte, besonders Manuela Steiner, Erika Machac, Renate Blauensteiner, Sandro Beer und Kurt Seifert. Kurt Perlak für sein wunderbares Umschlagbild. Brigitte Daumen und Georg Sever von der Sozialakademie und Gerhard Bröthaler vom ÖGB-Verlag, die mit ihrer Unterstützung zur Verwirklichung dieses Buchprojekts beigetragen haben.

Ein herzliches „Freundschaft" geht an unsere Kolleginnen und Kollegen vom 60. Lehrgang der Sozialakademie!

Thom Kinberger
Robert Könitzer
Malgorzata Peterseil
Mehmet Soytürk

Autoren

Thom Kinberger

Robert Könitzer

Malgorzata Peterseil

Mehmet Soytürk

Thom Kinberger

Thom Kinberger, Absolvent und Jahrgangssprecher des 60. Jahrganges der Sozialakademie und Betriebsrats-Vorsitzender der Stiegl Getränke und Service GmbH

Eines der wichtigsten Herkunftsländer für die Migration nach Österreich ist die Türkei mit aktuell über 180.000 Menschen, die in Österreich mit türkeistämmigen Migrationshintergrund und österreichischem Pass arbeiten, lernen und leben. Die am stärksten vertretene Nation unter den Einwanderern ist immer noch Deutschland, aber unsere deutschen Nachbarn nehmen die österreichische Staatsbürgerschaft selten für sich in Anspruch. Eine Selbstverständlichkeit in unserer Wahrnehmung, die vom geneigten Betrachter nicht nur unter dem Aspekt der EU-Mitgliedschaft selbst bewertet werden soll. Unter den eingebürgerten Neo-Staatsbürgern im Jahre 2009 waren immerhin 16% türkeistämmig*. Trotz diesem offensichtlichen Bekenntnis zur Integration sind und bleiben Österreicher mit türkeistämmigen Migrationshintergrund ein Sonderfall auf Grund ihrer kulturellen Position im Alltags- und Arbeitsleben. Diese wird angefeuert durch den politischen Fokus auf den Islam, der besonders in Wahlkampfzeiten in all seiner Grauslichkeit deutlich wird. In genau dieser oberflächlichen Betrachtung zwischen Sportwetten, Kulturvereinen und Kebab-Imbissen übertragen sich die kulturellen Identitäten der gewachsenen Parallelgesellschaften in die zweite und dritte Generation. Was steckt hinter den Zahlenreihen großangelegter

---

* Quelle: Statistik Austria, Kommission für Migrations- und Integrationsforschung der Österreichischen Akademie der Wissenschaften Wien 2010

Statistiken, allgemeinen Vorurteilen und Gesellschaftsbildern? Welche Rolle spielen türkeistämmige Arbeitnehmerinnen und Arbeitnehmer in der Arbeitswelt? Was bedeutet das für Gewerkschaften und Betriebsräte? Werden sie repräsentiert, fühlen sie sich vertreten und wie sieht es mit ihrem Selbstverständnis aus? Muss davon ausgegangen werden, dass für die Ansprache ein spezifisches kulturelles Verständnis notwendig ist?

Meine Vorbereitung auf das Thema fand ihren Ausgangspunkt in der Geschichte der Gewerkschaftsbewegung in der Türkei. Bei den ersten Recherchen im Netz spuckten die Suchmaschinen eine Vielzahl an Berichten und kontroversen Diskussionsbeiträgen aus. Die türkische Gewerkschaftsbewegung tritt kämpferisch und entschlossen auf. Die Medien berichten von wütenden Streiks und Protesten, bei denen Polizisten Streikbrechern den Weg freiprügeln oder Manager Warnschüsse auf Streikende abgeben. Damit wird natürlich ein Bild einer Kampforganisation transportiert, die sich entschlossen ihre Rechte auf der Straße und in den Betrieben erstreitet. In der Türkei findet sich immer noch eine unzureichende rechtliche Regelung für die Gewerkschaften. Einige der umstrittensten Punkte betreffen Verstöße gegen das türkische Strafgesetzbuch, konkret „die Verschwörung gegen die verfassungsmäßige Staatsordnung", angezettelt mit dem Ziel, „eine Herrschaft einer Gesellschaftsklasse über die anderen zu errichten". Für Personen in leitender Position zieht das die Todesstrafe nach sich. Ein Strafmaß, welches jedoch noch nie im Zusammenhang mit Gewerkschaftsaktivitäten verhängt wurde. Dennoch ist auch die gewerkschaftliche Betätigung von Arbeitnehmerinnen und Arbeitnehmern nach wie vor eingeschränkt.

Um die aktuelle Lage beurteilen zu können, ist es notwendig, die gesellschaftspolitischen Ereignisse in ihrer Gesamtheit zu betrachten. Gesellschaftliche Missstände und die parteipolitische Instrumentalisierung von Gewerkschaften führten dazu, dass teilweise die parteipolitischen Aktionen tatsächlich die gewerkschaftliche Tätigkeit überwogen. Die Kampfmaßnahmen waren nicht nur auf Betriebe beschränkt, sondern wurden in den Straßen, ja sogar in ganzen Stadtvierteln ausgetragen. Das führte zur Eskalation, die mit der militärischen Intervention vom 12. September 1980 endete. Resultat waren die 1983 erlassenen reaktionären Gesetze zu Gewerkschaften sowie zu Tarifverträgen, Streik und Aussperrung, die das Ziel hatten, den Einfluss, den die Gewerkschaften und Arbeiterorganisationen vor 1980 besessen hatten, ein für alle Mal zu unterbinden.

Auch solche geschichtlichen Blickrichtungen sollten im Gespräch mit den Interviewpartnern berücksichtigt werden, um neben den allgemeinen Interessensaspekten auch die Hintergründe und die Politisierung im Hinterkopf zu haben. Auch wenn unsere Gespräche streng wissenschaftlich genommen nicht als repräsentativ anzusehen sind, so geben sie doch einen interessanten Querschnitt von Meinungen, Erfahrungen und Bewegründen wieder. Und genau diese haben dazu beigetragen, dass ich meinen flammenden Eifer, der die kampfesmutige Heroisierung unserer türkeistämmigen Freunde zum Ziel hatte, auf ein vernünftiges Niveau herunter zu holen hatte.

Türkeistämmige Arbeitnehmerinnen und Arbeitnehmer sind genau wie auch die österreichischen aus den unterschiedlichsten Gründen politisch oder gewerkschaftlich aktiv. Das hängt mit der Sozialisierung, der persönlichen Biographie und natürlich dem individuellen Charakter zusammen. Und vielleicht braucht es von Zeit zu Zeit die Auseinandersetzung mit den eigenen Vorurteilen oder dem Wunschdenken, um die Realität so wahrzunehmen, wie sie ist: pluralistisch und in der Sichtweise geprägt von persönlichen Erfahrungen.

Genau diesem Anspruch muss sich auch die Gewerkschaftsbewegung in Österreich unterwerfen, damit, wenn uns in dunkeln Stunden ein Zweifel überkommt, sich aus der Asche verbrannter Ideologien ein strahlendes Banner am Firmament erhebt:

Der ÖGB!

Thom Kinberger, Wien im Mai 2011

Robert Könitzer

Absolvent des 60. Lehrgangs der Sozialakademie und Angestelltenbetriebsrat bei der Siemens AG Österreich

„Durchs Reden kommen die Leut' zusammen" hieß es einmal. In einer Zeit wieder zunehmender sozialer Spannungen scheint das Reden die Menschen in mancher Hinsicht jedoch eher zu entzweien. Deutlich wird dies, wenn man sich die immer unverschämter formulierten und praktizierten Pauschalurteile und Verhetzungen gegen beliebige gesellschaftliche Gruppen vor Augen führt, seien es nun religiöse, ethnische, nationalstaatliche, sexuell orientierte, ideologische oder auch einfach nur konstruierte Gemeinschaften. Unkritische Vereinfachung von Sachverhalten und Radikalisierung von Meinungen prägt verstärkt das öffentliche Klima.

Doch woher rührt diese Verrohung, die viele der schlechtesten Seiten des sozialen Wesens Mensch zum Vorschein bringt?

Wir sind umgeben von sozialen Dilemmata und deren verheerenden Auswirkungen. Der atomare Super-GAU in Fukushima, die nahende Überfischung der Weltmeere, Flüchtlingsströme aus Nordafrika und Kundgebungen betrogener und verzweifelter Arbeitnehmerinnen und Arbeitnehmer in Griechenland und Irland sind nur wenige, wenngleich nicht minder dramatische Beispiele für deutlich aus dem Lot laufende Entwicklungen – von den fast schon als selbstverständlich wahrgenommenen Begleitern wie Terror, Krieg oder Religionsfanatismus ganz zu schweigen.

Getrieben von immer höheren Renditeerwartungen übermächtiger und entmoralisierter multinationaler Konzerne und deren Schirmherren, in der Angst um persönliches Versagen und Arbeitsplatzverlust, scheinbar machtlos der immensen Beschleunigung des Alltags- und Beruflebens ausgesetzt, konfrontiert mit der schamlos zur Schau getragenen Unehrlichkeit, Selbstgefälligkeit und Ungerechtigkeit von Politik- und Wirtschaftstreibenden, bedroht von der systematischen und skrupellosen Zerstörung des Fleckchen Nichts im Universum, das wir Erde nennen, erscheinen radikale Reaktionen der Menschen aufgrund der empfundenen Ohnmacht nicht verwunderlich.

Nicht, dass diese Plagen alle Erfindungen des 21. Jahrhunderts wären, nein, jedoch entwickeln sie sich nach Jahrzehnten des Friedens, technischen Fortschritts und sozialer Errungenschaften mit rasanter Geschwindigkeit und drohen, das Rad der menschlichen Fortschrittsgeschichte langsam, aber unnachgiebig wieder zurückzudrehen. In die Ecke gedrängt von diesen scheinbar unlösbaren Schwierigkeiten oder Herausforderungen, wie man sie in der Strömung überzogen positiver Denkensweise gerne verharmlost, und sich zunehmend der Grenzen der physischen und psychischen Belastbarkeit sowie des eigenen Einflusses bewusst, neigt die selbst ernannte Krone der Evolution dazu, sich das jeweils noch schwächere Glied der Gesellschaft herauszusuchen oder zu erschaffen, um sich auf dessen Rücken etwas größer und mächtiger fühlen zu können.

Doch was haben wir dieser Armada an Negativitäten entgegenzusetzen? Nicht mehr, aber glücklicherweise auch nicht weniger als einen ständig regen, kritischen wie selbstkritischen Verstand. Ein Verstand, der in der Lage ist, wichtige Fragen zu stellen. Fragen nach den versteckten Interessen von Personen oder Gruppen, die Entscheidungen zugrunde liegen, Fragen nach den Profiteuren bestimmter Entwicklungen, Fragen nach der Gleichheit und Ungleichheit dort, wo Ungleichheit und Gleichheit gepredigt werden, Fragen nach dem Zusammenführenden, wo willkürlich getrennt wird.

Auch wir haben uns im vorliegenden Projekt im Rahmen des 60. Lehrganges der Sozialakademie Fragen gestellt. Und zwar zur Meinung über und dem Umgang mit einer vermehrt stigmatisierten Gruppe unserer Gesellschaft, die zunehmend für negative Zuschreibungen aller Art in der österreichischen Öffentlichkeit herhalten muss. Türkeistämmige Mitbürgerinnen und Mitbürger werden oftmals zum Ventil für Vorurteile über Religion, Sitten, Integration, Verhalten und vielem mehr. Gerade in der Arbeitswelt gehören unsere türkeistämmigen Kolleginnen und Kollegen, seien sie nun Türken, Kurden oder Armenier, Sunniten, Aleviten oder Christen, zu den schwächsten Gliedern der Gemeinschaft aller Arbeitnehmerinnen und Arbeitnehmer. Gerade der Schutz der Schwächsten unter den unselbstständig Beschäftigten ist seit jeher selbst erklärtes Ziel der Gewerkschaftsbewegung.

Als Gewerkschafterinnen und Gewerkschafter, Betriebsrätinnen und Betriebsräte wollen wir in diesem Sinne mit dem vorliegenden Werk einen Beitrag in der gesellschaftspolitischen Diskussion und Meinungsbildung leisten. Unser Ziel war es jedoch nicht, eine wissenschaftliche Arbeit mit umfangreichen Analysen, Zahlenmaterial, Studien und Darstellungen komplexer Zusammenhänge zu verfassen. In diesem Buch kommen die Betroffenen selbst zu Wort und liefern interessante, einfache wie bestechende Einblicke und Lösungsansätze für den Umgang mit dem Thema Migrantinnen und Migranten im Arbeitsleben. Und eines hat uns die Arbeit an diesem Projekt verdeutlicht, nämlich dass durchs Reden die Leut' letztlich doch noch zusammen kommen.

Robert Könitzer, Wien im Mai 2011

Malgorzata Peterseil

**Absolventin des 60. Lehrgangs
der Sozialakademie und Betriebsrätin
bei der Adecco GmbH**

Migrantinnen, Migranten... Als gebürtige Polin habe ich das Thema von Anfang an spannend und interessant gefunden.

Als ich vor Jahren nach Österreich kam und erstmals mit der Situation im Arbeitsleben konfrontiert wurde, bemerkte ich schnell viele Unterschiede zu Polen. Dort hatte ich mit Migrantinnen und Migranten kaum zu tun.

Hier habe ich beobachtet, dass meine Arbeitskollegen mit Migrationshintergrund kleine Gruppen gebildet haben. Sie haben sich in ihrer Muttersprache unterhalten und wurden manchmal als Außenstehende betrachtet und bezeichnet. Das hat sich dann im Arbeitsleben gespiegelt. Bei Konflikten war oft die einzige Erklärung: „Die können oder wollen sich nicht anpassen!"

Ist das wirklich so? Will man oder kann man sich als Migrantin oder Migrant nicht an die Gesellschaft, in der man lebt, anpassen?

Der Mensch ist so geschaffen worden, dass er gerne Gruppen bildet. Gemeinsame Interessen, Herkunft, Sprache, Kultur spielen hier eine große Rolle. Wenn ich mich mit Menschen unterhalte, die meine Muttersprache und mein Mentalität verstehen, die sich nach Essen sehnen, das unsere Mütter gekocht haben, die über „alte Zeiten" sprechen, habe ich das Gefühl, dass ich der Gruppe angehöre. Wir sind Migrantinnen und Migranten. Und wir lieben Österreich, das Land, das wir für unser Leben ausgesucht haben. Viele von uns können sich nicht vorstellen, woanders zu leben. Hier ist unser Herz, sind unsere Familien, unsere Freunde.

Jeden Tag stehe ich auf und freue mich, dass ich in Österreich eine Zukunft gefunden habe und dass ich als Betriebsrätin dazu beitragen kann, den Menschen zu helfen, Gesetze zu erklären, Konflikte und Probleme aus dem Weg zu räumen, zu trösten und zuzuhören.

Ohne Gewerkschaft wäre es nicht möglich. „Gemeinsam sind wir stark". Wir – Arbeitnehmerinnen und Arbeitnehmer, das heißt aber auch wir Migrantinnen und Migranten.

Ob aus Europa, Asien, Afrika – wir alle sind Menschen, die eigene Bedürfnisse haben, die beachtet und verstanden werden wollen. Manchmal reicht eine kleine Geste, die ein Entgegenkommen signalisiert. Es geht um ein genaues Zuhören, vor allem bei Menschen, die Sprachprobleme haben, eine Erklärung auf zusätzliche Fragen. Der Mensch, der aufrichtig nach seinem Privatleben gefragt wird, öffnet sich und fängt an zu erzählen. Es wird oft vergessen, was die Einwanderer mitgemacht haben, um in Österreich leben zu können, leben zu dürfen. Wir müssen uns mit dem Thema auseinandersetzen, um diese Menschen besser zu verstehen, und ihnen eine Chance bieten, um sich in die österreichische Gesellschaft besser integrieren zu können.

Malgorzata Peterseil, Wien im Mai 2011

Mehmet Soytürk

Absolvent des 60. Lehrgangs der Sozialakademie und Referent bei der Gewerkschaft GPA-djp

Als das Arbeitskräfteanwerbeabkommen mit der Türkei 1964 und zwei Jahre später mit Jugoslawien unterschrieben wurde, hatte damals niemand daran denken können, was für ein Ausmaß dieses Abkommen bzw. das Anwerben von Arbeitskräften aus dem Ausland für Österreich haben würde. Die Behörden gingen davon aus – so war es auch geplant – dass die angeworbenen Arbeitskräfte nach einigen Jahren wieder in ihre Heimatländer zurückfahren sollten.

Obwohl es viele Beispiele schon früher gegeben hat, wie z.B. die Ziegelarbeiter aus Tschechien, die Handwerker aus Süddeutschland, der Schweiz oder Italien, wurde nicht daran gedacht, dass auch die aus der Türkei und Jugoslawien stammenden Arbeitnehmer und Arbeitnehmerinnen im Land bleiben würden.

Bei den eingewanderten Arbeitnehmern und Arbeitnehmerinnen waren die Gedanken aber auch nicht anders, sie gingen auch nicht davon aus, den Rest ihres Lebens in einem „fremden" Land zu verbringen bzw. dass sie hier sesshaft werden würden. Der Grundgedanke bei vielen von ihnen war, dass sie nach einigen Jahren, nach dem Aufbau einer Existenz in der „Heimat", wieder nach „Hause" fahren würden.

Jetzt, da einige Jahrzehnte nach dem Anwerbeabkommen vergangen sind, ist es sowohl den Zugewanderten als auch den Behörden im Land klar geworden, dass die Migrationsgeschichte sich ganz anders entwickelt hat und beide Seiten vor großen Herausforderungen stehen.

In den letzten Jahren ist kaum ein Tag vergangen, an dem in der Öffentlichkeit und in den Medien nicht über Migranten und Migrantinnen gesprochen wurde. Die negativen Berichte überwiegen leider die positiven. Sie werden immer als Sündenböcke herangezogen. Lassen wir die Politik und die Politiker links liegen und berichten aus dem betrieblichen Alltag.

Die Migration und die Migranten und Migrantinnen sind für bestimmte Politiker ein guter Stoff, aus dem sich viele Stimmen machen lassen. Das ist aber nicht unser Thema. Uns geht es darum, ein wenig an den Vorurteilen, die großteils über das gegenseitige Sich-nicht-Kennen entstanden sind, zu rütteln. Um dies verwirklichen zu können, sollten wir Begegnungen schaffen. Begegnungen, in denen das Fremde sein Fremdsein verliert. Wir als Betriebsratsmitglieder können auch unseren Beitrag, der leider bis jetzt sehr gering war, dazu leisten. Als Arbeitnehmer und Arbeitnehmerinnen haben wir die gleichen Anliegen, Probleme und freuen uns alle gleich über erfolgreiche KV-Abschlüsse oder ärgern uns über Probleme am Arbeitsplatz.

Wir arbeiten seit Jahren neben- und miteinander und kennen uns kaum. Um diesen Zustand ein wenig zu ändern, ist das Projekt eine gute Gelegenheit. In unserem Projekt haben wir den Migrantinnen und Migranten die Möglichkeit gegeben, ihre Arbeitswelt und ihre Gedanken darüber uns näher zu bringen. Als Arbeitnehmerinnen und Arbeitnehmer haben wir uns schon zu lange auseinanderdividieren lassen, wir können nur gemeinsam agieren, um unsere Interessen besser zu bewahren.

Mehmet Soytürk, Wien im Mai 2011